面向云计算的任务优化调度关键技术研究

王 岩 著

燕山大学出版社
·秦皇岛·

图书在版编目（CIP）数据

面向云计算的任务优化调度关键技术研究 / 王岩著.—秦皇岛：燕山大学出版社，2019.11（2026.1 重印）

ISBN 978-7-81142-957-2

Ⅰ. ①面… Ⅱ. ①王… Ⅲ. ①云计算—资源管理—研究 Ⅳ. ①TP393.027

中国版本图书馆 CIP 数据核字（2019）第 282265 号

面向云计算的任务优化调度关键技术研究

王岩 著

出 版 人：陈 玉
责任编辑：唐 雷
封面设计：吴 波
出版发行：燕山大学出版社 YANSHAN UNIVERSITY PRESS
地　　址：河北省秦皇岛市河北大街西段 438 号
邮政编码：066004
电　　话：0335-8387555
印　　刷：廊坊市印艺阁数字科技有限公司
经　　销：全国新华书店

开　　本：700mm×1000mm　1/16　　印　　张：9　　字　　数：140 千字
版　　次：2019 年 11 月第 1 版　　印　　次：2026 年 1 月第 2 次印刷
书　　号：ISBN 978-7-81142-957-2
定　　价：36.00 元

内 容 提 要

《面向云计算的任务优化调度关键技术研究》由东北大学王岩撰著，是面向云计算任务调度研究的著作。全书包括三个部分：第一部分介绍基本的任务调度方法；第二部分系统深入地依据云计算体系架构讲解云计算各个层次的任务调度方法和技术；第三部分讨论云计算与工作流结合的方向和想法，是云计算任务调度和其他技术结合的前瞻性研究。

《面向云计算的任务优化调度关键技术研究》适合各类读者阅读，包括计算机专业的本科生或研究生，不具有本专业知识但想要系统、快速地补充云计算任务调度的知识，以便在实际产品或平台进行应用的软件工程师，以及对云计算任务调度内容感兴趣的读者。

前　言

近年来，云计算应用的高速发展和用户群体的不断扩大，使得云数据中心需要合理地对用户的各种应用任务进行管理，给数据中心的任务处理带来了巨大的压力。本书从分析任务调度算法入手，介绍如何对大量任务进行合理、高效的调度和管理，维持系统相对均衡的负载水平，直至解决云计算任务优化调度的关键问题。

如今，面对云计算虚拟化、高可伸缩性以及需要满足用户需求兼顾服务提供商利益等特点，传统的任务调度方法已经无法为云数据中心提供准确的调度算法，主要存在以下问题：

第一，由于云计算的节点难免会发生故障，为了提供良好的云计算环境，需要采取合适的容错措施。本书构建了新的任务优化调度体系架构，在体系架构中引入了动态的数据副本机制，以及具体的动态副本管理算法。随着用户任务数量增加，动态副本管理算法在保证较短平均任务完成时间的基础上，减少了创建副本的资源消耗。

第二，针对单个数据中心的任务调度，分为两个层面，一个层面是针对云计算系统中单个数据中心在基础层任务优化调度时，用户对云计算资源的需求多样性和多指标约束问题。基于此类问题，以马尔可夫理论为研究基础，建立时间-费用模型，提出遗传蚁群融合算法的任务优化调度算法。另一层面在云计算系统单个数据中心的应用层中，因云服务的市场机制化，针对云服务提供商降低云服务成本、提高云服务收益的迫切需求，给出基于拉格朗日乘数法优化解的任务调度算法：以纳什均衡理论、排队论作为研究的理论基础，通过建立服务响应时间的任务队列调度模型，对任务调度问题进行优化求解。同时，兼顾用户的利益，为了保障资源分配更加合理、公平，建立自适应的完成时间感知的任务分配模型，并应用梯度投影方法求得优化解的调度算法。考虑用户对于不同应用任务的执行顺序和执行时间的要求，利用纳什均衡理论求解具有优先级和完成时间限制的任务优化调度问题。

第三，针对任务具有关联性的多数据中心任务调度统一规划和协调管理的问题，将多数据中心的任务调度分为两个阶段。第一阶段，根据任务的关联关系，结合工作流技术，并利用有向无环图 DAG（Directed Acyclic Graph, DAG）进行任务的关联性表示，给出改进的粒子群算法。同时，引入 Pareto 多目标优化方法，进行具有约束条件的优化问题求解。在第二阶段，考虑多数据中心系统间的负载情况，提出具有负载感知的任务调度算法，算法中引入负载感知参数，以调整任务执行时的系统负载状况。

本书由中央高校基本业务科研项目——东北大学基本科研业务费项目：面向时延的云计算系统任务优化调度问题的理论、模型及算法研究（N182303036）和河北省高等学校技术研究项目（ZD2017303）资助。

目 录

第1章 引 言

随着全球科技、经济的不断发展，大数据时代的到来，数据量呈现爆发性增加[1]。在社会网络的发展以及消费群体方面，以中国网民数为例，截至2018年6月，中国网民规模达8.02亿，普及率为57.7%；2018年上半年，新增网民2968万人，较2017年末增长3.8%；中国宽带用户中，92%的用户参与到社会化媒体中，大量、频繁地使用博客、微博、社区、视频和图片分享等形式，产生了大量的需要存储的数据[2-4]。人们希望把所有的资源放在一起，能够像使用水电一样方便地通过网络以服务的形式来访问所有资源。对于大型的企业来说，基于成本考虑，面临的最主要问题是如何不必在数据中心的建设或者基础设备的建设上花费巨大，而且能够满足所需要的服务，从而节省更多的人力以及财力，同时，企业对效率和价值的追求，促使具有弹性的业务服务技术的出现。

另外，各行各业需要处理的数据激增。例如，网民们热衷的购物网站、游戏网站、聊天工具等产生的需要在后台处理的海量数据；在医疗数据分析中，大部分医疗相关数据，如医生或护士手写的病例记录、收费记录、处方药记录等以纸质形式转化为数据，美国的医疗健康系统数据量就曾达到了150EB，而热门的基因研究中，已经公开发布的基因DNA微阵列达到50万之多；军事、自然灾害防御系统产生的以及需要处理的海量信息等，这些数据不仅数量巨大，而且数据的格式种类繁多，单个甚至多个计算机的处理、服务能力不足以支持当前数据处理的需求，在这种情况下，云计算技术应运而生。

云计算技术的产生，补充并满足了传统的计算模式不能满足人们对于高性能计算能力或者海量数据的存储空间而引发的迫切需求，同时，信息世界中诸多不确定因素的存在，同样促使具有实时的信息获取、全面的信息分析技术的出现，云计算技术的深入应用更好地弥补了这方面的缺失。

与传统信息技术相比，云计算有以下特点：

（1）虚拟化：云计算通过虚拟化技术，将分布在不同地理位置的资源整合成逻辑上统一的资源池，用户可以随时随地通过接入互联网来获取云计算所提供的服务，而不必关心这些资源所部署的具体位置。

（2）面向服务：云计算资源池中的资源以服务的形式提供给用户，服务成本低且计费灵活。大量的廉价设备被用来部署云计算系统的服务器节点，这使得云计算系统的资源价格具有显著的成本优势。

（3）动态性：尽管云资源是虚拟化的，但仍可以提供高性能和可靠的云服务，资源本身的灵活性使其可以根据用户的需求进行动态调整。

（4）高可靠性：云计算系统具有多副本容错、计算节点可以互换等特点，可以为用户提供可靠的服务。

（5）通用性：云计算不局限于特定的操作系统平台、特定的应用，在云计算环境下支持的应用灵活度高、具有很强的通用性。

因此，充分利用云计算的特点，云服务提供商可以极大地提高资源（硬件、软件、空间、人力、能源等）的利用率和各类业务的响应速度，有效地聚合工作中任务的各个方面[5,6]。在云计算系统中，计算设施可以不设立在本地，用户不需要关心运行计算所提供资源的具体位置，用户关心的只是提交自己的应用需求，将实际的应用需求传给“云端”，具体的实现由“云端”中的分析、处理、执行设备或机构进行协同合作，之后，云计算系统把执行的结果反馈给用户。

不仅飞速发展的技术行业需要云计算技术，渗透各行各业的大数据技术同样需要云计算技术作为稳定发展的技术支撑。

（1）云计算是提取大数据的前提

信息社会，数据量在不断增长，技术在不断进步，在海量数据的前提下，提取、处理和利用数据的成本超过了数据价值本身，此时，来自公有云、私有云以及混合云之上的强大的云计算能力，对于降低数据提取过程中的成本不可或缺。

（2）云计算可高效分析数据

数据分析阶段，引入公有云和混合技术，此外，类似 Hadoop 的分布式处理软件平台可用于数据集中处理阶段。当完成数据分析后，提供分析的原始数据不需要一直保留，可以使用私有云分析处理结果，即可用信息导入数据库。

（3）云计算提供数据管理虚拟化

可用信息最终用来指导决策，通过将软件即服务应用于云平台中，可将可用信息转化到用户现有系统中，帮助用户强化管理模式。

行业信息与云计算的结合将使大数据分析变得更简单，对大数据与云计算结合领域进行深入探索，引发了计算机行业的变革，而这种变革也使得云计算技术又迅速渗透到全球的不同行业中，如医疗、军事、农业、工业生产等领域不断出现对云计算技术的需求，特别是云计算技术对于以上行业产生的大数据的存储、管理、分析，有利地推动了各个行业的飞速发展。

云计算是计算技术为人类提供服务的方式向智能化、自动化、人性化纵深发展的一场革命，而云计算的发展也随着人类社会的发展不断完善，其发展过程如图 1-1 所示。

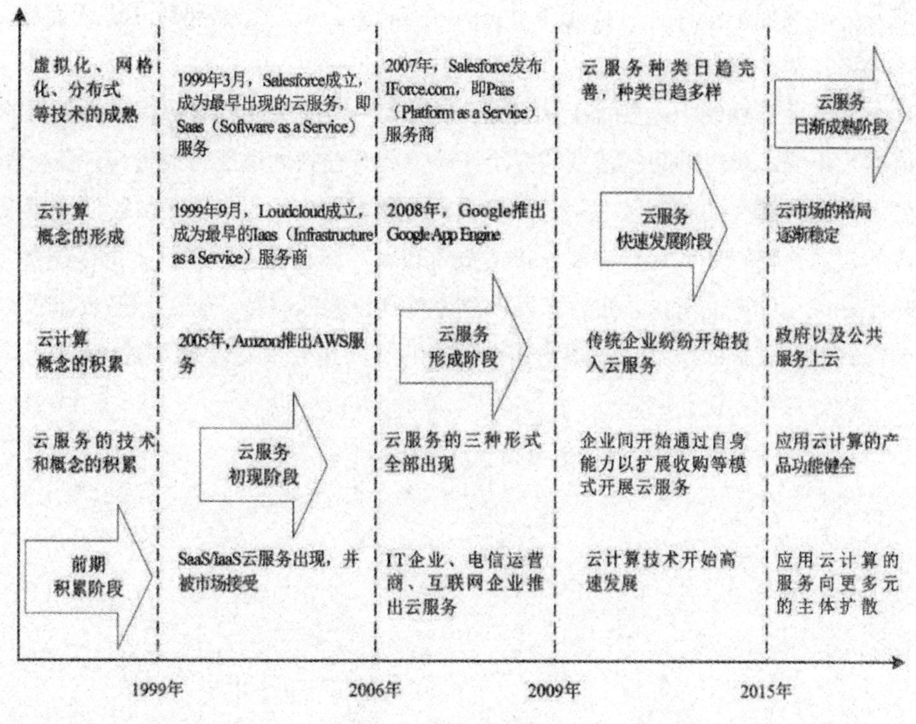

图 1-1　云计算的发展

随着云计算技术的不断发展，其在计算机行业的影响力逐步强大：

（1）亚马逊服务推出了其桌面即服务 WorkSpaces[7-9]，进一步扩展其云生态系统。

（2）微软在 2013 年推出 Cloud OS 云操作系统[10]，包括 Windows Server 2012 R2、System Center 2012 R2、Windows Azure Pack 在内的一系列企业级云计算产品及服务。Windows Azure 为开发人员提供随选的计算和存储环境，以便在 Internet 上通过 Microsoft 数据中心来托管、扩充及管理 Web 应用程式。

（3）IBM 在 2013 年推出基于 OpenStack 和其他现有云标准的私有云服务[11,12]，并开发出一款能够让用户在多个云之间迁移数据的云存储软件 InterCloud，而且正在为 InterCloud 申请专利，这项技术旨在为云计算增加弹性，并提供更好的信息保护。

因此，随着当今大数据的不断发展，研究云计算的任务调度更能促进其发展。而不同的分布式系统都有着自身的特色，需要扬长避短地使用才可以更好地发挥其性能，云计算也具有其本身的固有特点，同样也需要对其进行优化，才可以发挥其自身的优势。

在云计算系统中，不同计算能力的资源，用户使用或者服务提供商提供的成本也不同。对于时间敏感型的应用，提供具有较强处理能力的资源，使得任务运行完成所需的时间较短；而对于成本敏感型的应用，可以提供较低处理成本的资源，使得任务运行完成所需的成本较低。云计算提供了很多的云服务，从实际应用的方面考虑，云计算可以分为基础设施即服务（IaaS）、平台即服务（PaaS）和软件即服务（SaaS）三个层次[13-15]，其关系表示如图 1-2 所示。

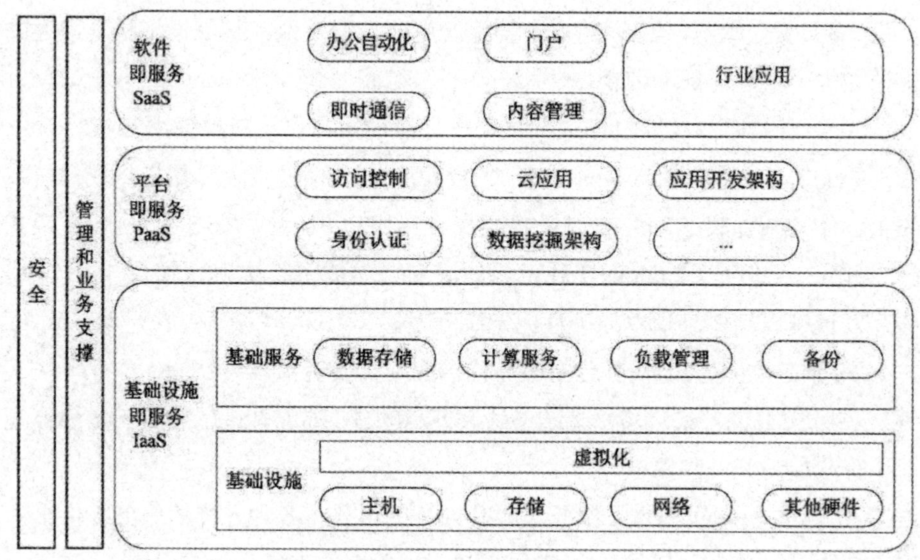

图 1-2 云计算服务体系结构

它们之间的关系主要可以从两个角度进行分析：其一是用户体验角度，从这个角度而言，它们之间的关系是独立的，因为它们面对不同类型的用户。其二是技术角度，从这个角度而言，它们并不是简单的继承关系（SaaS 基于 PaaS，而 PaaS 基于 IaaS），因为首先，SaaS 可以基于 PaaS 或者直接部署在 IaaS 之上，其次，PaaS 可以构建于 IaaS 之上，也可以直接构建在物理资源之上。

IaaS（Infrastructure-as-a-Service）：基础设施即服务。消费者通过 Internet 可以从完善的计算机基础设施中获得服务。例如硬件服务器租用。IaaS 的基本功能：

（1）资源抽象：使用资源抽象方法，例如资源池，能更好地调度和管理物理资源。

（2）资源监控：通过对资源的监控，能够保证基础设施高效率地运行。

（3）负载管理：通过负载管理，不仅能使部署在基础设施上的应用更好地应对突发情况，而且还能更好地利用系统资源。

（4）数据管理：对云计算而言，数据的完整性、可靠性和可管理性是对 IaaS 的基本要求。

（5）资源部署：将整个资源从创建到使用的流程自动化。

（6）安全管理：IaaS 的安全管理的主要目标是保证基础设施和其提供的资源能被合法地访问和使用。

（7）计费管理：通过细致的计费管理能使用户更灵活地使用资源。

PaaS（Platform-as-a-Service）：平台即服务。PaaS 实际上是指将软件研发的平台作为一种服务，以 SaaS 的模式提交给用户。因此，PaaS 也是 SaaS 模式的一种应用。但是，PaaS 的出现可以加快 SaaS 的发展，尤其是加快 SaaS 应用的开发速度。例如，软件的个性化定制开发。

为了支撑整个 PaaS 平台的运行，供应商需要提供四大功能：

（1）友好的开发环境：通过提供 SDK 和 IDE 等工具让用户能在本地方便地进行应用的开发和测试。

（2）丰富的服务：PaaS 平台会以 API 的形式将各种各样的服务提供给上层的应用。

（3）自动的资源调度：即可伸缩特性，云计算不仅能优化系统资源，而且能自动调整资源来帮助运行于其上的应用更好地应对突发流量。

（4）精细的管理和监控：通过 PaaS 能够提供应用层的管理和监控，比如，能够观察应用运行的情况和具体数值，例如吞吐量、响应时间，以更好地衡量应用的运行状态，并能够通过精确计量应用使用所消耗的资源来更好地计费。

SaaS（Software-as-a-Service）：软件即服务。它是一种通过 Internet 提供软件的模式，用户无须购买软件，而是向提供商租用基于 Web 的软件来管理企业的经营活动。例如，阳光云服务器。

要实现 SaaS 服务，供应商需要完成四个方面的要求：

（1）随时随地访问：在任何时候或者任何地点，只要接上网络，用户就能访问云计算系统中的 SaaS 服务。

（2）支持公开协议：通过支持公开协议，例如 HTML4/5，能够方便用户使用。

（3）安全保障：SaaS 供应商需要提供一定的安全机制，不仅要使存储在云端的用户数据处于绝对安全的环境中，而且也要在客户端实施一定的安全机制，例如 HTTPS，来保护用户。

（4）多租户（Multi-Tenant）机制：通过多租户机制，不仅能更经济地支撑庞大的用户规模，而且能提供一定的可定制服务以满足用户的特殊需求。

但是在这三个层次中都存在着相同的问题，即任务与资源之间如何调度的问题。各个任务执行所需要的成本、时间以及系统负载均衡需求的满足需要用到云计算任务优化调度策略。云计算的商业化特性，以及商业化的应用发展，使其必须具有通用性设计，并能为用户的动态需求提供多样化的服务，这也促使云计算服务提供商需要有自己的资源分配与任务调度策略，才能高效地运营服务，如在 Amazon 的弹性云产品中，虚拟机的利用率需要合理的调度来保证；在线 ERP 系统提高用户满意度的方法是优化其系统中的任务调度算法。

云计算系统中的运营成本、用户对系统的满意度以及稳定性等都是由任务调度策略的有效性决定的。然而，在云计算系统中，海量数据的存储、资源的有效利用、大数据的复杂解析、计算的弹性需求、用户任务的调度具有多方面的复杂性，以往的任务优化调度不能很好地适用于云计算的系统环境中。

1.1 本书面向的读者

本书重点对云计算的任务优化调度策略进行了全面而系统的分析和研究，其主要内容包括：云计算任务优化调度管理、云计算用户任务优化调度时间问题、云服务提供商的服务收益问题三个方面。在对以上问题进行了深入研究的基础上，首先提出了一种云计算环境下的任务优化调度体系架构，其次提出了满足不同任务需求的多种调度策略，最后利用仿真实验对所提出的策略进行了性能验证和分析。

（1）在研究了云计算系统任务优化调度策略的指标基础上，提出了一种新的云计算环境下的任务优化调度体系架构。该架构不同于以往的架构，用户不用提出特定前提即可对任务调度和策略进行测评。架构对各个功能模块进行了明确定义，同时，对其中的各种系数进行了具体表示。在此基础上，进行云计算系统任务调度的优化管理，考虑到系统中的数据容错，提出了动态副本管理策略，不同于对数据的放置、更新单独设置，而是将数据放置、更新进行统一操作，设计了相应的算法 DRA（Dynamic Replica Algorithm）。因此，在提高开发效率的基础上，有效地提高了云计算系统的可用性、可靠性和负载的均衡水平。

（2）针对云计算系统单数据中心的基础层的调度要求，提出了数据中心基础层的云计算任务优化调度策略，该策略利用遗传算法的优点，并对遗传操作进行改进，同时，结合蚁群算法提出了遗传蚁群融合算法 MGAA（Modified Genetic Ant Algorithm），不同于仅利用遗传算法的单一操作，该算法避免了误入局部最优解，从串集开始搜索，覆盖面大，利于全局择优，有效地提高了云计算任务调度决策的执行效率。

（3）在分析云计算系统单数据中心应用层的云计算服务提供特点的基础上，针对其经济特点，不同于单方面考虑用户或者服务提供商的利益需求，或者在特定时间和空间对二者的利益权衡研究，创新性地以云服务提供商对于资源均衡性和利用率的要求，即以同时满足用户任务对于执行效率和公平约束的要求为出发点，一方面，提出了基于排队论及纳什均衡理论的、考虑用户和服务提供商二者利益的任务优化调度算法 MRA（Modified Resource Algorithm），将优化问题转换为分布式的优化算法，使得用户、服务提供商效用达到了互为最优的效果。另一方面，对于资源的分配，考虑自适应的分配原则，设计自适应的任务优化调度模型，并结合以梯度投影方法为基础的算法 GP（Gradient Projection）进行资源合理分配。

（4）在多个云数据中心任务调度时，不同于已有研究成果对于多数据中心的调度侧重于数据信息的存储、传输层面进行任务调度，提出的新策略考虑任务调度的高效性要求，结合工作流，利用 DAG 图表示具有关联依赖的任务关系。首先在第一阶段调度，结合粒子群算法的优点进行相应的改进，提出改进的粒子群算法 MPSO（Modified Particle Swarm Optimization），进行全局快速搜索，然后通过 Pareto 方法对搜索结果进行优化，提高搜索的准确性；在第二阶段调度，考虑了系统的负载影响，提出了面向负载感知的调度策略，以保证任务的高效执行。

本书分为七章。各个章节的组织结构如图 1-3 所示。

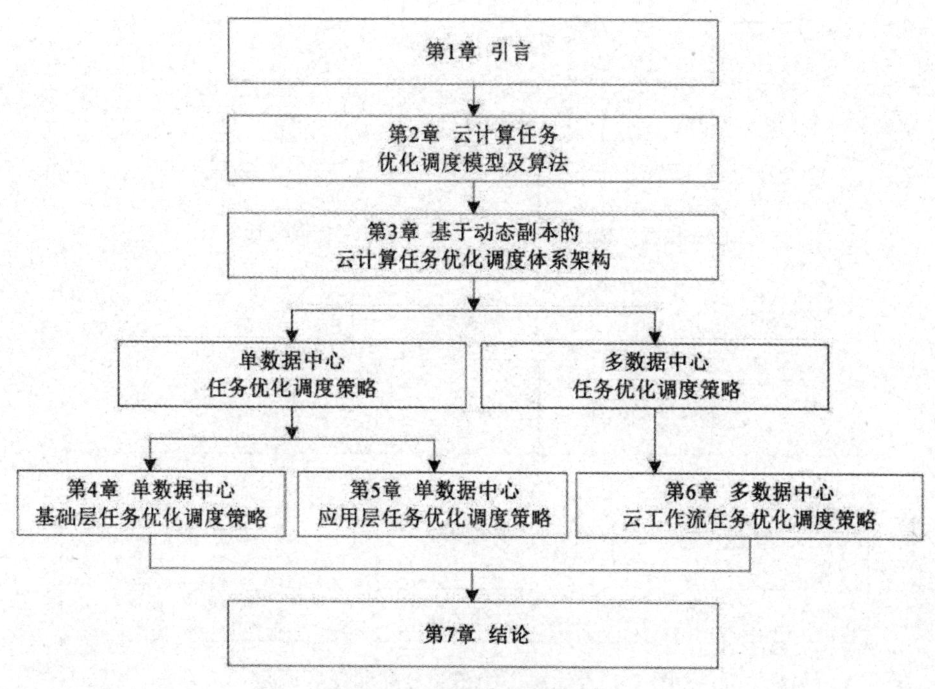

图 1-3 内容组织结构图

1.2 云计算任务调度的发展及研究方向

云计算本质是一种分布式计算，其基于成熟的虚拟化技术，将分布在不同位置的计算集群、服务器、存储设施和软件系统等 IT 资源整合成统一的资源池，对于不同的应用任务进行合理的资源分配和任务调度，从而提供满意的云计算服务。

1.2.1 云计算任务优化调度研究现状

在云计算系统的调度架构中，考虑整个系统的稳定性和容错性，尤其保证用户任务在执行中的正确性及完整性，需要在任务调度管理中加入副本管理机制，这需要在现有云计算调度结构上进行改进。云计算调度结构如图 1-4 所示。

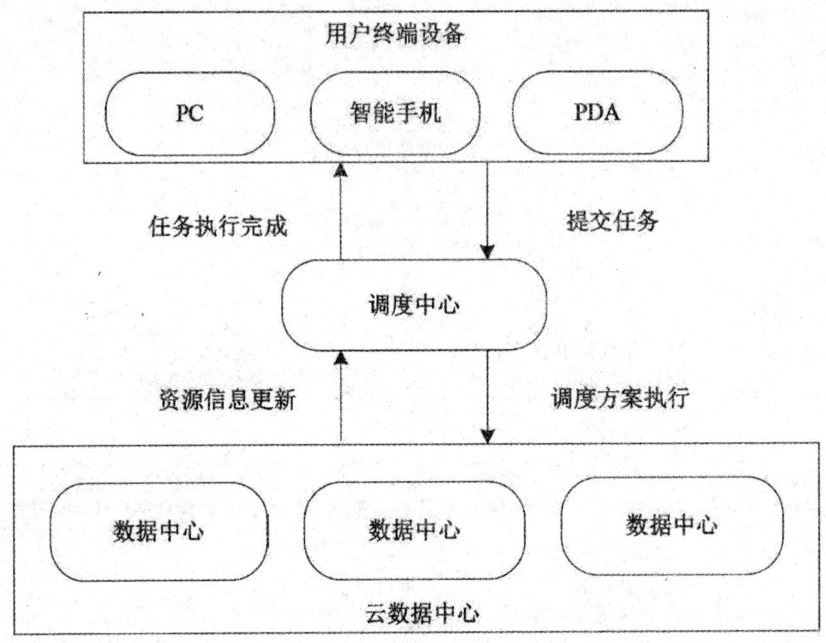

图 1-4 云计算中的资源分配和任务调度

副本管理机制的主要研究内容包括副本放置、副本的复制两方面技术。

（1）在副本放置的具体方法研究中，典型的商业应用例子，如 Amazon S3（Amazon Simple Storage Service）[16]、Google 文件系统 GFS（Google File System）[17]、Hadoop 分布式文件系统 HDFS （Hadoop Distribution File System）[18]等。

在副本的放置策略研究方面，又分为两类，HDFS、GFS 采用基于集中式的存储目录、定位数据对象的存储位置的策略；而 Amazon S3 采用基于一致性哈希的副本放置策略。第一种副本放置策略的问题在于，可用的副本存储节点不一定是最佳的副本存储节点，并且 Amazon S3 采用的策略算法决策时间较短，没有考虑副本分布的随机性。

因此，针对随机性的不同影响，考虑副本放置的优化问题，在研究方向中可以加入研究副本放置对于系统的不同影响以及动态的副本最优放置策略。

（2）在副本的动态复制策略方面，可以根据系统中的数据的可用性和其应用热度，完成动态副本复制机制；将副本的放置与系统的负载平衡技术联系起来，完善副本的存储技术以及副本处理、冗余处理技术。同时，根据访问记录及访问热度来选择数据信息进行复制，完成动态的、成本敏感的、优化的数据复制策略。列举部分研究进展如表 1-1 所示。

表 1-1　副本放置、复制研究分类

作者	时间	内容
Amazon	2009	采用基于一致性哈希的副本放置方法
Google	2010	采用基于集中式的存储目录、定位数据对象的存储方法
Cheng Z D, Luan Z Z, Meng Y, et al	2012	提出弹性的副本管理系统，利用复杂事件处理引擎来区分实时数据类型，根据不同的数据类型进行相应的数据副本的管理[19]
Mansouri N, Dastghaibyfard G H, Mansouri E	2013	提出可进行自身管理、具有容错功能和可扩展的云存储副本机制[20]
Xu H, Li B C	2013	提出考虑系统不同性能优化参数的副本的放置方法[21]
Meroufel B, Belalem G	2013	提出根据系统中的数据的可用性和其应用热度的动态副本复制方法[22]
Lin H, Ran Y	2015	提出根据系统性能优化参数设置的副本的放置方法[23]
Nuaimi K A, Mohamed N, Nuaimi M A, et al	2015	提出将副本的复制与系统的负载平衡技术联系的副本复制方法[24]
Mseddi A, Salahuddin M A, Zhani M F, et al	2015	提出固定副本数量、副本放置随机的副本管理方法[25]
Joshi G, Soljanin E, Wornell G	2015	提出具有副本处理及冗余处理的副本的复制方法[26]

（续表）

作者	时间	内容
Li W H, Yang Y, Yuan D	2016	提出考虑系统各个性能优化参数的副本的放置方法[27]
Gill N K, Sarbjeet S	2016	提出动态的、成本敏感的、优化的数据复制方法[28]
吴修国	2018	提出兼顾成本与存储空间的两阶段高效数据副本生成与存储策略[29]

因为前期的研究重点在副本本身的更新、放置问题上，没有体现在具体的系统架构上，因此值得进一步研究。

云计算作为新兴的计算技术，任务调度与传统的分布式环境中的任务调度不同。在传统分布式环境下，资源规模是同构的、固定不变的，而在云计算环境中，资源是实时变化的且具有异构性；传统分布式环境根据特定的应用来制定对应的调度策略，而云计算任务优化调度策略能够支持多种类型的应用，亦可同时运行多种应用；在实际应用中，传统分布式环境下的任务优化调度考虑系统整体性能指标，而在云计算环境下，任务优化调度策略不仅要满足用户对于执行时间、成本、资源分配公平性等的目标约束要求，同时需要考虑服务提供商的服务收益。

在云计算服务中，按照服务提供商和资源消费者的关系可以分为三类，即云提供商、服务提供商、用户。各关系间的层次结构如图 1-5 所示。

位于最底层的云资源提供商向服务提供商提供云计算资源；云服务提供商从云资源提供商处租赁或者购买资源，并按照消耗支付给云资源提供商相应的费用；用户使用服务提供商在云资源上部署的软件。云计算系统用户可以根据需要购买云计算资源或服务，并且不用关心所请求的资源具体部署在什么位置，对于云系统用户来说，云计算系统的资源是无限的。

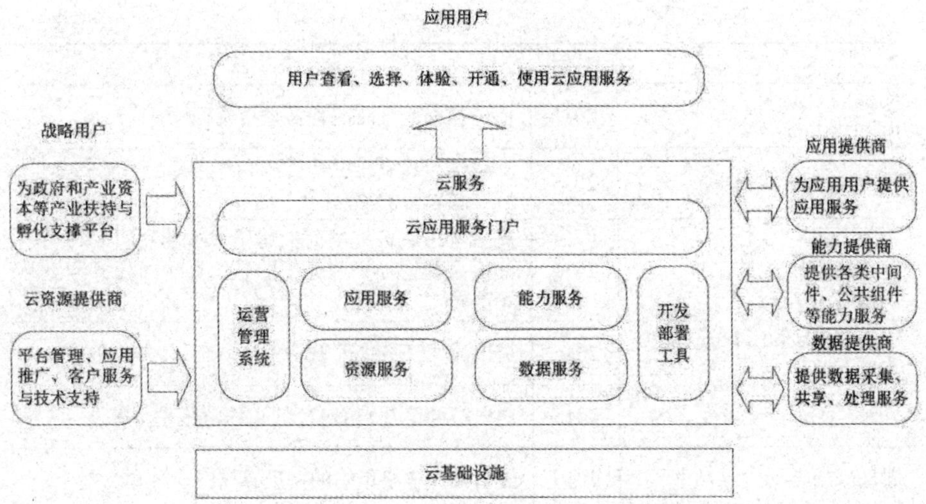

图 1-5　云计算中资源提供及使用的分类描述

因而，云计算作为商业计算，其任务调度策略必须确保用户任务调度的QoS（Quality of Service, QoS）尽可能地得到满足，这是云服务提供商获取服务收益的必要条件。云计算用户任务调度的QoS目标约束条件包括任务的截止时间底线、调度预算、系统的可靠性以及安全性等诸多内容。在考虑用户的QoS目标约束要求时，需要分析用户的QoS需求，并将任务根据不同的优化调度策略，映射到能够满足QoS需求的资源上；在建立任务优化调度策略时将任务调度分为静态任务调度和动态任务调度两种类型。部分研究如表1-2所示。

表 1-2　云计算考虑用户利益的任务调度研究

作者	时间	内容
Azzedin F	2013	提出用户任务的平均执行时间进行加权的任务调度算法[30]
Chopra N, Singh S	2013	提出改进的最早结束时间云工作流任务调度算法[31]
Verma J K, Katti C P, Saxena P C	2014	提出基于公平性的任务调度算法[32]
Uriarte R B, Tsaftaris S, Tiezzi F	2015	提出任务特定范围内随机性的调度算法[33]
Ghafarian T, Javadi B	2015	提出轮询任务调度算法[34]
Deng S G, Huang L T, Taheri J, et al	2015	提出地址分布的任务调度算法[35]

（续表）

作者	时间	内容
Nagalakshmi N, Rajalakshmi S	2015	提出加权值分布的任务调度算法[36]
Pilavare M S, Desai A	2015	求解云计算系统中的资源和任务分配问题的基于启发式思想的算法[37]
王文婧，吕廷杰	2015	提出考虑服务提供商的运营成本的利用，利用评价系统进行资源分配的系统评价的任务调度算法[38]
Veen J, Waaij B, Lazovik E, et al	2015	提出流式任务处理算法[39]
郭禾，陈征，于玉龙，等	2015	提出带通信开销 DAG 的工作流模型与算法[40]
周舟，胡志刚	2015	提出融入贪心策略的调度算法[41]
谢丽霞，严焱心	2015	提出利用分层调度策略对任务进行划分以确定作业优先级的任务调度算法[42]
Lakshmi D V, Srinivasu N	2016	求解云计算系统中的资源和任务分配问题的基于启发式思想的算法[43]
Kashyap R K, Louhan P, Mishra M	2016	提出最晚完成时间优先的任务调度算法[44]
李智勇，陈少淼，杨波	2016	提出多目标 Memetic 优化任务调度算法[45]
Sabar N R, Song A	2016	提出局部优化的模拟退火多任务调度算法[46]
Shen Y, Qin X L, Bao Z F	2017	提出调度问题的新的连续的合作博弈调度算法[47]
Linthicum D S	2017	提出基于 MapReduce 的任务调度算法[48]
Hu H Y, Liu R H, Hu H	2017	提出考虑时间、能耗的基于工作流云计算的任务调度算法[49]
Liu X T, Zhu Y Q, Gu D M	2017	提出一种有效资源减少量最大化算法[50]
Deng X H, Guan P Y, Wan Z W, et al	2018	提出以用户需求为中心，考虑用户体验质量的云计算系统进行优化算法[51]
Zhou J, Dong S B, Tang D Y	2018	提出针对云计算调度问题进行优化设计的智能调度算法[52]
Yuan Y W, Bao Z Q, Yu D J, et al	2018	针对现有云环境下的多科学工作流调度算法中存在的未考虑安全调度问题，提出了多科学工作流安全-时间约束费用优化算法[53]
Fang J, Zhang Z, Zhang X F, et al	2019	针对工作流任务调度优化问题，提出一种云工作流任务调度的遗传算法[54]

（1）静态任务调度。对于用户来说，最优资源分配方案以及任务优化调度的目标是在任务调度运行过程中，保证任务所经过的路径短、引起的时延小，在一定程度上提高应用的服务质量。

根据上述静态任务调度的特点，将云计算技术与工作流技术相结合完成。云工作流调度是解决在云计算环境中工作流管理系统的流程与任务调度问题，工作流调度算法则具有在满足 QoS 限制的前提下，对任务进行调度，达到缩短流程运行时间、提高性能的目的。

目前学术界的研究和工业界的应用，都已经对云计算系统中的资源分配问题展开了初步的探索，并取得了一定的成果。但目前基于启发式思想的策略在求解云计算系统中的资源分配问题时存在以下局限性：仅考虑资源分配的可行解，缺乏对解的优劣性的评估，动态分配过程中容易产生碎片资源，分配效率低下；并且，启发式算法更适用于调度单个的工作流，对于调度多个较复杂的工作流，其性能有待提高。

（2）动态任务调度。相对于启发式算法，随着智能算法的出现及发展，在面向用户的需求的体系结构下，利用智能调度算法在满足多个工作流的传输结果的最后期限的前提下，根据工作负载、工作流之间的依赖关系，把整个工作流的最后期限发布到每个任务，然后进行调度执行。

在针对工作流调度方面，根据多个较复杂的工作流应用的特点，针对多个较复杂工作流的应用，提出使任务调度过程优化的调度策略，该策略包含在实例层和任务层进行任务调度。

在实例层的调度是通过提高负载的均衡度，从而进一步提高整个云计算系统的任务调度效率；任务层是通过减少资源调度过程中的冗余时间进行调度的，进而提高整个系统的资源的利用率。但是，由于云计算环境的复杂性，某一方面的优化及改进并不能很好地满足云资源调度的要求以及动态任务的优化调度。

云计算从根本上来说，强调的是按需服务的模式，当为用户请求的任务分配资源时，会出现必须同时提供多个资源以满足用户需求的情况。如要满足用户对某些服务的需求，就需要将云计算中多个资源进行合理分配、有效调度。

作为一种商业服务，面对不同用户各不相同的应用任务调度QoS目标约束要求，云计算在满足用户任务调度QoS目标约束条件的同时，还应尽可能地最大化云服务提供方的服务收益。然而，目前大多数的云计算任务调度策略通常从用户的角度出发，致力于满足用户任务调度的各种QoS目标约束要求与资源请求，而忽略了云服务提供商的服务成本和服务收益问题。

面对云计算的商业应用价值，云计算任务的调度策略重点应转移到在考虑市场驱动或经济驱动的前提下，如何使得算法考虑不同的 QoS 参数，根据用户定义的某种 QoS 偏好来调整算法，进而完成对任务的优化调度。而且在商业应用方面的云资源分配、任务调度解决方案是包含了云服务提供商所关心的提高系统性能、云服务提供商的利益解决方案的。

针对以上对于云计算系统中任务优化调度的目的要求，应从以下几个方面考虑提高云服务提供商的利益。部分研究人员的研究方向如表 1-3 所示。

表 1-3 云计算考虑服务提供商的任务调度研究

作者	时间	内容
Narman H S, Hossain M S, Atiquzzaman M	2014	将用户的任务分为不同级别：通过准入控制，控制任务的执行，或以高优先级任务的抢占方式来保证高优先级的任务执行[55]
叶世阳，张文博，钟华	2015	利用分层调度策略对任务进行划分以确定作业优先级，并通过数据局部性和总任务完成率对资源进行分配[56]
Kansal N J, Chana L	2015	提出进行弹性调度的策略，有效管理云资源，提高利用率。该策略通过虚拟化使服务器整合，进一步降低云的能耗，而不会降低用户的性能[57]
Tong Z, Jing M	2016	提供云计算系统中资源分配的策略，提高资源利用率、服务提供商的效益[58]
孙兰芳，张曦煌	2016	提出云计算系统中资源分配的策略[59]
Xu X Y, Tang M L, Tian Y C	2016	利用整合资源的方式来提高服务效益[60]
Boloni L, Turgut D	2017	通过整合资源进而提高服务效益[61]
Liu X, Li J B, Yang Z, et al	2017	把云端与移动终端联合移动应用的优化问题建模为最小化移动终端的能耗问题[62]
王万良，胡禹	2018	提出一种基于 MapReduce 的分布式的聚类改进算法[63]
曹建，李峥，杨璞，等	2019	设计在云计算平台 MaxCompute 环境下并行化的排列熵（Permutation Entropy,PE）算法[64]

（1）提高系统的性能，包括缩短任务的响应延时、保证系统的负载平衡、提高系统的利用率。

但是，以上研究依据不同的目标要求进行局部最优解的搜索，收敛速度有一定的差别，不利于保证执行的效率。

（2）作为一种商业计算，为提高服务收益，在云计算任务优化调度问题上，同样要考虑其经济因素。在给定调度的任务集和所需的资源后，云计算任务调度问题研究的目的是寻找一种合适的调度策略，基于该策略，云计算系统将待调度的任务请求分别指派给不同的资源，实现大量的任务在可用的资源之间的合理分配与高效执行。

由此可见，云计算任务调度是一个NP完全问题，针对于此，已有很多相关工作是使用博弈论理论来解决分布式并行计算环境下的资源调度问题，同时，研究人员提出了多种方法来逼近求得该策略的最优解。

以上关于云环境中任务调度研究的工作，虽然在不同的云计算环境中进行了具有针对性的调度策略设计，但仍存在一些问题：

（1）计算的资源需要统一的调度和管理，以便于更好地分配给用户的应用任务，而完善的管理架构需要具备灵活性以及适应云计算中任务动态变化特点的可扩展性。相关的研究工作中，云计算系统中的资源管理、任务调度管理的框架灵活性较弱，缺乏一定的扩展性。

（2）云计算系统中的资源管理需要支持多目标优化，同时，调度策略要综合考虑用户的QoS要求、云服务提供商的资源利用率、服务收益等因素，并且策略需易于实现。相关研究工作考虑的优化目标大多比较简单，缺乏综合性考虑。

（3）云计算系统任务调度策略需要根据任务的动态性特点而灵活易执行。目前已有的相关研究工作关注的问题，多是在几个给定的云服务提供商的组合环境下的任务调度问题，提出的任务优化调度策略没有考虑公平性，在任务调度时缺乏灵活性。

在云计算系统中，在满足用户的要求的同时，云服务提供商的利益同样值得关注，系统中资源的有效分配、任务的高效调度是提高服务提供商效益的关键。

计算服务逐渐成为运营商的计算应用首要的选择方式，目前，谷歌、亚马逊以及微软的云用户数量不断增长。用户任务队列的长度取决于系统的服务响应时间，而资源的分配、系统的负载状况又在不同程度上对响应时间产生影响。考虑服务提供商的收益最大化以及用户的服务质量需求，如何进行资源的合理分配，提高系统的性能，是当前云计算服务亟待解决的问题。

1.2.2 云计算任务优化调度关键问题和研究挑战

根据云计算的应用及各个算法的特点，总结评估调度算法的特性，将云计算任务优化调度策略的研究总结为以下六个方面：

（1）经济收益。云计算的出现及发展体现了云计算的商业目标，即为了节约商业应用中处理业务的成本，可以使非特定用户享受到像使用定制计算机一样的处理能力。为了完成某项业务，用户需要配备一个数据中心，因此，需要大量的财力和物力，云计算出现后，用户只需将所有的存储、计算都交给云服务系统，既节省了基础设施的建设费用，又能得到最合适的任务调度结果。

作为一种商业模式，费用是用户关注的一个主要因素。对于一些中小企业或者个人来说，选择云环境来完成自己的工作，主要是基于自身资金有限，无法搭建用户工作所需要的基础设施环境。而目前，业界已成规模的基础设施提供商众多，用户在进行选择时会将费用作为一个重要参考。因此，为了保证云提供商的顾客群，在进行资源调度时，需要满足用户费用这一约束条件。云计算的目标是希望能够实现资源共享以及协同工作，在资源提供方面，云计算的资源规模庞大，异构多样且动态多变；在用户使用方面，用户群体广泛，请求调度的应用任务类型多样，由于用户的 QoS 以及服务提供商的要求不同，以上两方面使得云计算环境下的任务优化调度问题变得复杂。

（2）QoS 需求。QoS 划分为两个角度考虑，一方面是用户的 QoS 需求，在提交任务时，用户对于系统的响应时间、开销等 QoS 具有不同要求，对于这类要求的满足直接关系用户对于系统的满意程度。另一方面是服务提供商的 QoS 要求，包括系统的带宽、计算和存储能力等参数，提高这些指标的性能，可在一定程度上提高系统的利用率以及云服务的有效性。

（3）任务响应时间需求。用户对于提交到系统里的任务的要求除了需要得到合理的调度外，能在最短的时间内处理完成，是每个用户所期望的。任务响应时间的需求包括：单任务响应时间、任务总响应时间、平均响应时间。单任务响应时间是指运行单个任务时，云计算系统从用户提交该任务到系统处理结束，返回最终处理结果的时间。任务总响应时间是指用户提交的全部任务完成所需要的时间。平均响应时间是指多个用户提交的，在系统中并行处理的任务的平均响应时间。

响应时间越短，说明用户等待的时间越短，用户对于服务的满意度越高，也反映了系统具有较强的处理能力、良好的与用户的交互能力。

通常，在云计算系统中，任务调度将 n 个相互独立的任务分配到 m 个异构的可用资源上，在任务分配和执行中，目标是使得总任务的完成时间尽可能短，并能让资源得以充分利用，即任务优化调度是在云资源集合空间中寻求最优的资源组合，使完成的时间最短。

（4）公平性。公平性是指在用户提交的多个任务并行执行的情况下，云计算系统中任务的调度策略是否满足公平性原则。调度算法良好的公平性在一定程度上会提升其他的性能指标。

（5）容错性。在云计算环境中，每种服务都是由多台虚拟机共同提供的，这样，难免会有冲突、数据传送失败等问题的发生。良好的容错性是提供可靠服务的保证，同时，也保证了系统的稳定性。

云环境中运行的各种用户工作，无论是部署的应用程序还是计算工作，都需要各种类型的资源，如 CPU、内存、磁盘存储等。以应用程序为例，内存往往是影响一台物理机上可运行应用程序多少的关键因素，称之为瓶颈资源。尽管云计算提供的是无限量的可用资源，但是，数据中心每台物理节点的资源总量是有限的。因此，在进行资源调度时，首要考虑的约束条件是数据中心运行的成千上万台异构物理节点的可用资源总量限制。当大量用户同时发送工作请求，造成云环境工作负载的高峰时，用户工作需要的虚拟单元在物理节点上置放方案的不同，会影响可用计算资源的总量，从而可能会造成用户工作完成性能的不同，因此 QoS 成为资源调度需要考虑的另一个约束条件。本书在考虑基于 QoS 参数的资源调度约束条件时，主要考虑的是响应时间约束和成本约束。

对于云服务使用者来说，时间是影响服务选择的重要因素，尤其是对一些实时型服务，违反 QoS 约束带来的服务故障将导致客户流失。

（6）系统负载均衡。由于云计算系统中资源组成的非统一性，其具有同构、异构不同的组成方式，情况较复杂，随着云服务的扩大，云系统接收到的数据将不断增加。海量的数据提交到系统中执行，并且各个任务需要得到合适的资源，这对于云计算系统的负载均衡无疑是一个挑战。

在此背景下，如何使用户任务能够以较低的调度开支获得较高的执行效率，同时保证云计算系统具有较高的资源利用率，且整体负载水平相对均衡，兼顾云服务提供商的利益，成为云计算领域的研究热点和技术难点。因此，对云计算任务优化调度策略进行深入研究，具有较高的理论价值及现实意义。

第 2 章　面向云计算任务优化调度模型及算法

任务优化调度是云计算技术研究的重要组成部分之一。任务优化调度是根据用户任务的 QoS 需求，采用合理的、适当的调度策略对任务进行分类，并把其分配到相应的资源节点上去执行的过程。如何更好地把用户的每一个任务在满足其约束条件的前提下，按需、按序地分配到资源节点是云计算任务优化调度的重点。

2.1　面向云计算的任务优化调度模型

在云计算系统中，任务种类多、规模大，且每个任务还会分为多个子任务。子任务的数量远大于云计算节点数，使得每个节点均要执行多个子任务。在这种情况下，任务调度优劣直接影响云计算的服务质量，因此如何对云计算任务进行合理调度是云计算系统研究中的一个难题。

在云计算实际环境中，一个虚拟资源可以抽象为一个具有一定属性的节点，该节点具有内存属性、CPU 属性或带宽属性。云计算系统的任务优化调度模型是指根据最优化方法，依托云计算系统架构不同层的任务调度的需求而建立的任务优化问题求解模型，其要素包括模型建立、策略生成、调度优化调整、应用调度策略等过程，即进行问题求解，生成调度策略，使得任务合理地映射到节点上，最终按照最优调度方式执行完成。

在云计算系统的任务优化调度研究过程中，经典的任务调度模型被广泛地应用在云计算系统的任务调度研究领域，并不断地在多个方面得到改进。这些调度模型具有快速进行任务调度处理的优势，但是同样也存在着调度决策优化目标需要进一步改进和提高的缺陷。

（1）Hadoop 是目前应用于大数据处理的热门分布式计算框架，具有可靠性、可伸缩性。HDFS 的上一层是 MapReduce 引擎，其广泛地应用于各类应用程序中，如在 Google 的应用中，包括分布排序、Web 连接图反转、反向索引构建、文档聚类、机器学习等。Hadoop 按位存储和处理数据，在可用的计算机集簇间分配数据并完成计算任务；在节点之间动态地移动数据，保证了各个节点的动态平衡，并且自动保存数据的多个副本，使失效的副本能够自动得到重新分配。

Hadoop 由许多元素构成，其最底部是 HDFS（Hadoop Distributed File System）。HDFS 是一个能够面向大规模数据使用的、可进行扩展的文件存储与传递系统。它使得实际上通过网络访问文件的动作，在用户看来，就像访问本地磁盘一般。其结构如图 2-1 所示。

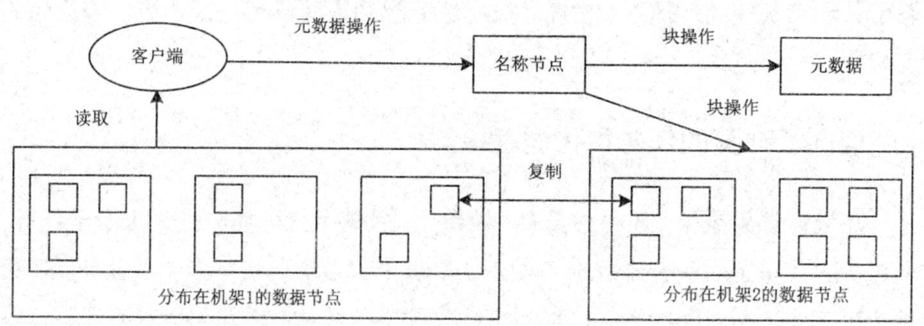

图 2-1 HDFS 数据传输简化结构

从用户使用的角度来说，MapReduce 强制定义了映射（Map）和规约（Reduce）两个阶段，且定义了两阶段之间的数据输入输出格式，如图 2-2 所示。

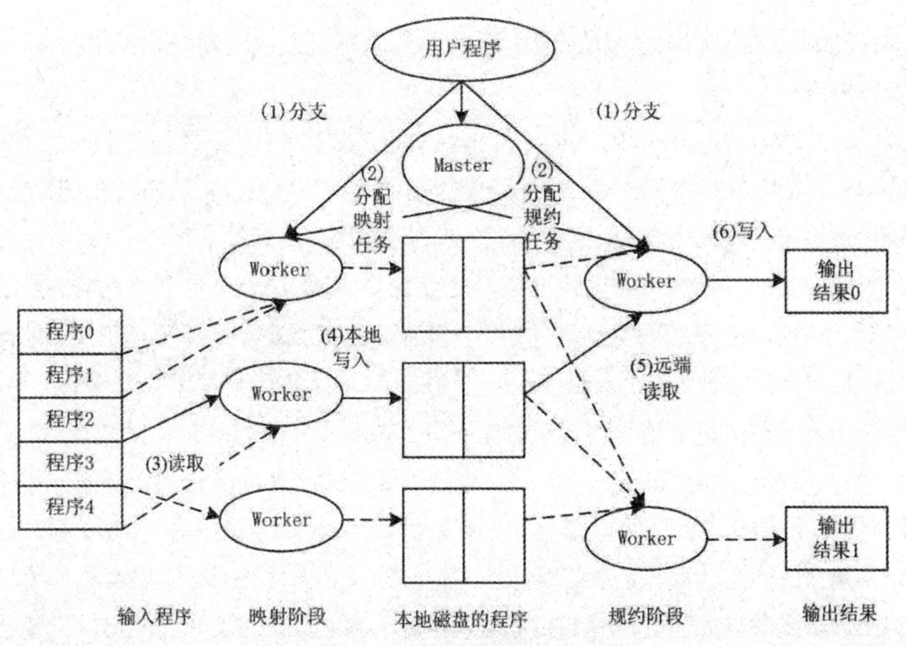

图 2-2 MapReduce 的执行流程

用户程序首先调用的 MapReduce 库将输入文件分成多个数据片段，然后用户程序在集群中每个计算节点上创建程序副本。在副本程序中有一个特殊的程序，称为 Master，除此以外，副本中其他的程序称为 Worker 程序。Master 分配 M 个 Map 任务（Map Task）和 R 个 Reduce 任务（Reduce Task），Map 任务对一些独立元素组成列表的每一个元素进行指定的操作，同时，每个元素都能被独立操作。该过程中原始列表没有被更改，更改的数据被存放在创建的一个新的列表中，即 Map 的操作是可以高度并行的。Reduce 的操作指的是对一个列表的元素进行适当的合并，如定义一个化简函数，通过让列表中的元素跟自己相邻的元素相加，把列表减半，依次进行迭代运算直到列表只剩下一个元素。当具有大规模的运算并且相对独立的情况下，Reduce 操作在高度并行的环境下也同样适用。

用户程序通过套用这种模型来抽象自身的运算逻辑，以此简化用户编程接口，降低编程难度，同时在这种模型的基础上，MapReduce 框架可以自动完成各种调度优化和容错处理工作，但是固定的编程模型在一定程度上限制了它的通用性，比如 MR 模型中所有的计算节点只能接受统一格式的一组输入数据，也只能输出一组数据，无论是否需要，用户逻辑都必须由匹配的 Map 和 Reduce 阶段组成。

（2）Percolator 是由 Google 推出，在海量数据（PB 级）上实现增量计算的平台[65]。它使得在已有的结果集上进行小粒度的更新更加快速，它能持续更新索引系统，从而无须从头重新处理一遍整个系统。为了提高效率，MapReduce 和其他批量处理系统可以进行大数据批量处理，却无法处理单个小规模的数据更新。Percolator 系统解决了该问题，它能对一个大数据集增量处理更新，因此从数据更新的方面，用 Percolator 替代 MapReduce，每天处理相同数量的文档，能在搜索结果中将文档平均搜索时间减少 50%。

（3）Pregel 是 Google 公司的一个基于分布式内存的支持图计算的分布式框架[66]。由于众多的图算法都包含迭代过程，而 Pregel 采用 BSP 模型，即“计算—通信—同步的模式，来实现分布式迭代计算。同时 Pregel 采用消息传递机制在分布式节点间通信，并通过“Superstep”来控制同步。Pregel 将目标图类问题的运算模型归结为在图的拓扑节点上迭代执行特定的算法，每次迭代称为一个 Superstep。在 Pregel 中，数据模型的主要概念包括节点、边和消息。在每个 Superstep 步骤中，各个节点执行相同的用户定义函数来处理数据，更新自身的状态乃至更改整个图的拓扑结构（如增减节点、边等）。每个节点的边则用来链接相关的目标节点，通过发送消息给其他节点传递数据。整个处理流程中，数据的接收和处理是以 Superstep 为节拍来同步的，在一个 Superstep 中各个节点所发送的消息，直到下一个 Superstep 里才会被目标节点所接收和处理，同时触发状态变更。这种基于节拍的处理流程，很大程度上简化了数据同步的处理。每个节点在当前 Superstep 中处理完数据后，会投票决定自身是否停止处理，如果没有被消息再次触发，在以后的 Superstep 中就不会调度该节点进行运算。当所有节点都停止后，整个迭代过程结束。

在实现过程中，Pregel 的进程也分为 Master 和 Worker，每个 Worker 负责处理一部分的节点（以特定的算法对节点进行分区 Partition），Master 则负责调度 Superstep。为了减少 Worker 之间数据传输的开销，一方面 Worker 内部所有节点的消息会被放入队列中批量传输；另一方面，Combiner 类在一些场合里（如 Sum）可以被用来在消息传递前进行消息（也就是数据）合并。此外 Pregel

还提供了 Aggregator 类来实现全局的通信、数据同步、统计等工作，每个 Worker 先在本地做规约，再将结果发送给 Master，Master 做完全局规约后会在下一个 Superstep 开始的时候将结果再分发给各个节点使用。Pregel 同时提供了许多类似消息聚集（Combiner）的系统优化，并提供容错等功能。此外，Pregel 的编程模型以结点为基础，编程模型简单易用，弥补了涉及图的算法的不足。

（4）Piccolo 是一个提供分布式键一值数据表结构的系统架构，用户通过调用常用的表操作（Put 和 Get 等）来实现各种算法，通常包括 PageRank、K-means 等具有迭代计算的算法[67]。每个 Piccolo 节点在内存中维护相应的数据表，通过 MPI 实现节点间通信，根据节点间传递的消息来更新远程数据表项。同时，Piccolo 提供基于位置的数据访问优化，并且利用累加的操作函数来避免写一写冲突。Piccolo 提供的 API 允许用户像操作单机数据表一样来操作分布式数据表，极大地减轻了用户编写分布式程序的压力。

（5）Nova 是雅虎所使用的分布式数据处理架构，其原理是把数据处理过程看成数据不断采集、持续计算的过程[68]。Nova 系统将数据相关的操作分为计算过程和数据容器，计算过程的数据会根据逻辑的设置复制（Snapshot）到一个新的数据容器内。

（6）Dryad 是一个通用的粗粒度的分布式框架[69]。Dryad 的程序运行结构如图 2-3 所示。

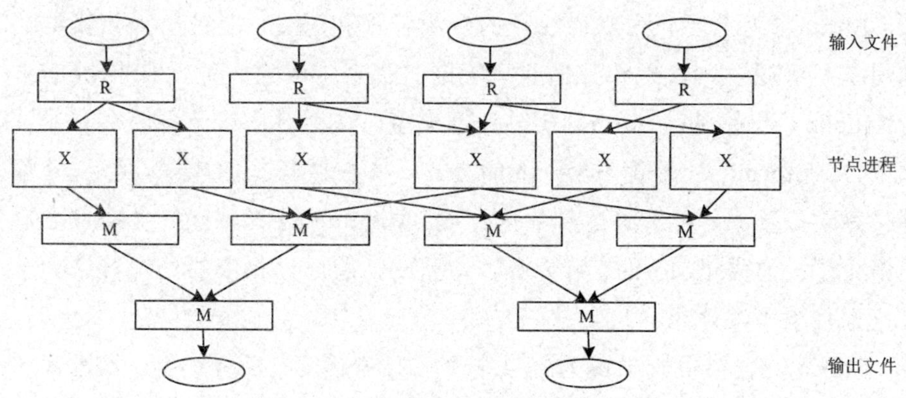

图 2-3 Dryad 程序运行结构

Dryad 的核心数据模型由计算节点（Vertex）和数据通道（Channel）两部

分组成，用户通过实现自定义的 Vertex 节点来执行定制的运算逻辑，节点之间通过各种形式的数据通道传输数据。用户的运算逻辑本身通常是顺序执行的，而与分布式相关部分的逻辑则由 Dryad 框架来实现。

Dryad 的任务管理模块 RM 在应用程序内部维护了一个基于有向无环图 DAG 的计算节点依赖关系图。任务管理模块通过命名服务器来获取可用的服务器列表，然后通过在这些服务器上运行的守护进程来调度和执行计算节点。各个计算节点之间通过例如文件、管道、网络等形式的数据通道交换数据。

对于应用了 DAG 图的 Dryad，在其应用中，允许用户动态地改变 DAG 调度拓扑图，该操作主要是通过在计算节点中把实际所处理的数据相关信息反馈给作业管理模块来实现的。这样操作使得最优的调度拓扑结构形式会取决于实际的输入数据、中间计算结果或者当时所处的运行环境等因素。

（7）Storm 是个实时的、分布式的“流处理”框架[70]。同 Hadoop 一样，Storm 也可以处理大批量的数据，除此之外，Storm 在保证高可靠性的前提下，还可以让处理进行得更加实时，即所有的信息都会被处理。Storm 同样还具备容错和分布计算等特性，这使得 Storm 可以扩展到不同的机器上进行大批量的数据处理。

随着应用业务的发展，用户在使用Strom时希望该系统是可扩展的，此时，用户只需要添加机器和改变对应的拓扑设置。Storm使用Hadoop Zookeeper进行集群协调，这样可以使得大型集群的良好运行得到充分保证。Strom可为上层应用提供统一的资源管理和调度，它的引入为集群在利用率、资源统一管理和数据共享等方面带来了巨大好处。对于Storm，与Hadoop不同的是，Storm是实时处理模型，是针对在线业务而存在的计算平台。Storm中的数据以Stream的方式，并按照拓扑的顺序，依次处理并最终生成结果。对于大批量数据处理，MapReduce程序在任务完成之后就停止了，但由于Storm是用于实时计算的，所以，相应的处理程序会一直执行直至手动停止。

Storm 的容错机制表现为一旦某个拓扑被递交，Storm 会一直运行它直到拓扑被废除或者被关闭。在执行中出现错误时，也会由 Storm 重新分配任务，这样，一个节点失效了也不会影响其他的应用。Yahoo 公司推出的 S4 计算框架、伯克利大学 D-Streams 计算框架以及 Hadoop 提出的计算框架都是基于数据流实现类 Streaming 概念的。

（8）YARN 是在 Hadoop 基础上开发的，并对可伸缩性（支持 1 万个节点和 20 万个内核的集群）、可靠性和集群利用率进行了提升[71]。YARN 实现这些需求的方式是把 MapReduce 中的 JobTracker 的两个主要功能，即资源管理和作业调度/监控，分成了两个独立的服务程序——全局的资源管理 RM（Resource Master, RM）和针对每个应用的管理（Application Master, AM）。YARN 的结构如图 2-4 所示。

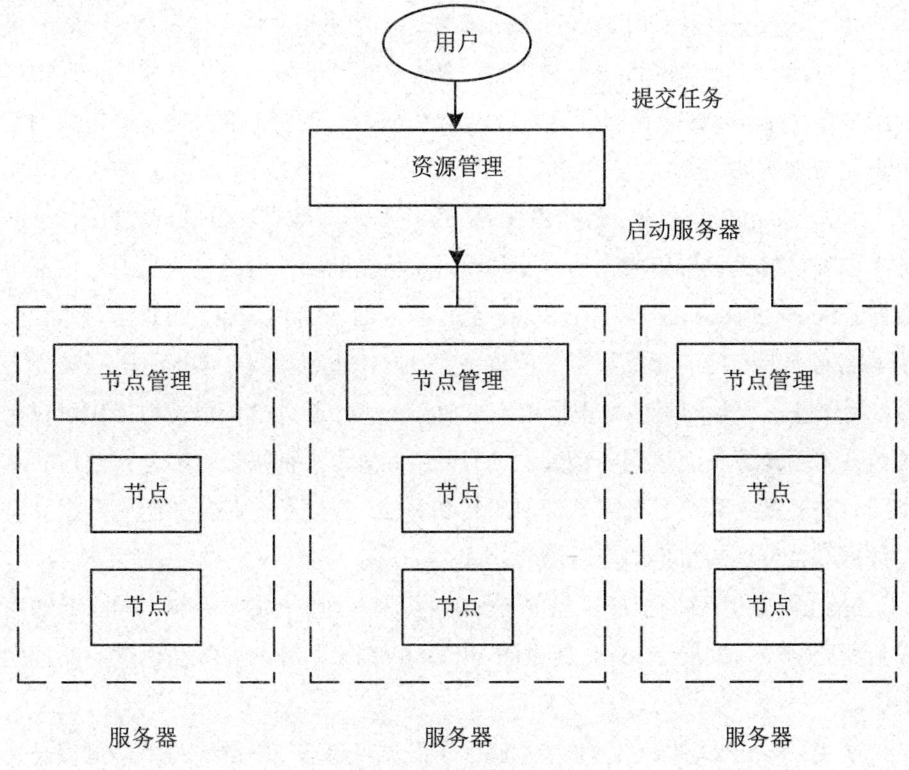

图 2-4 YARN 结构图

资源管理：负责接收用户请求，并启动应用管理，通过节点管理来监控其负责的服务器的状态，进行全局的资源分配和调度。资源管理中包含以下两个组件：调度器，根据所采用的具体的调度算法，将资源分配给各个应用；应用管理器，资源是以容器的形式进行封装的，应用管理器负责接收任务，并管理所有的应用管理。

节点管理：管理各个节点的信息，向资源管理器报告当前的节点状态，处理来自应用管理和资源的命令。

节点：每个任务分配一个节点，该任务只能在对应的节点中执行，使用该节点资源。

YARN 从某种意义上来说可以作为一个云操作系统，其主要负责集群的资源管理。在此操作系统之上可以开发各类应用程序，例如批处理 MapReduce、流式作业 Storm 以及实时型服务 Storm 等。这些应用可以同时利用 Hadoop 集群的计算能力和丰富的数据存储模型，共享同一个 Hadoop 集群和驻留在集群上的数据。此外，这些新的框架还可以利用 YARN 的资源管理器，提供新的应用管理器来实现。

（9）Spark Streaming 是构建在 Spark 上处理流数据（Stream）的框架[72]。基本原理是将流数据分成小的时间片断，以类似批量处理的方式来处理这部分数据。Spark Streaming 构建在 Spark 上，一方面是因为 Spark 的低延迟执行引擎虽然比不上专门的流式数据处理软件[73,74]，但也可以用于实时计算；另一方面，相比基于记录的其他处理框架（如 Storm），一部分窄依赖的数据集可以从源数据重新计算从而达到容错处理的目的。此外，小批量处理的方式使得它可以同时兼容批量和实时数据处理的逻辑和算法，方便了一些需要历史数据和实时数据联合分析的特定的应用场合。

Spark 的应用逐渐扩展，当前 Spark 已不仅仅用于实时计算，同时向通用大数据处理平台发展，Spark 提供的 FIFO 和 Fair 两种调度算法也在不断地完善中。

（10）Samza 同样是处理数据流的分布式架构[75]。Samza 的流单位不是元组，也不是 Dstream，而是消息。在 Samza 中，数据流被切分开来，每个部分都由一组只读消息的有序数列构成，这些消息每条都有一个特定的 ID。该系统还支持批处理，即逐次处理同一个数据流分区的多条消息。Samza 的执行与数据流模块都是可插拔式的。

（11）利用博弈论作为理论基础实现任务调度。博弈论主要研究公式化的激励结构间的相互作用，是研究具有斗争或竞争性质现象的数学理论和方法[76]。博弈论考虑博弈中的个体的预测行为和实际行为，并研究它们的优化策略。

博弈的类型划分：

从是否具有约束的角度考虑，博弈论分为合作博弈和非合作博弈。合作博弈和非合作博弈的区别在于相互发生作用的当事人之间有没有一个具有约束力的协议，如果具有约束力，则为合作博弈，如果没有约束力，则为非合作博弈。

从行为的时间序列性划分，博弈论进一步分为静态博弈、动态博弈两类。静态博弈是指在博弈中，参与人同时选择或虽非同时选择但后行动者并不知道先行动者采取了什么具体行动；动态博弈是指在博弈中，参与人的行动有先后顺序，且后行动者能够观察到先行动者所选择的行动。

按照参与人对其他参与人的了解程度可划分为完全信息博弈和不完全信息博弈。完全信息博弈是指在博弈过程中，每一位参与人对其他参与人的特征、策略空间及收益函数有准确的信息；不完全信息博弈是指如果参与人对其他参与人的特征、策略空间及收益函数信息了解得不够准确或者不是对所有参与人的特征、策略空间及收益函数都有准确的信息。

在市场经济中，由于合作博弈论比非合作博弈论复杂，因而在理论上的成熟度远远不如非合作博弈论。非合作博弈的应用更广泛，博弈论一般是指非合作博弈。非合作博弈又分为完全信息静态博弈、完全信息动态博弈、不完全信息静态博弈和不完全信息动态博弈。与上述四种博弈相对应的均衡概念分别为纳什均衡（Nash equilibrium）[77-80]、子博弈精炼纳什均衡（Subgame perfect Nash equilibrium）、贝叶斯纳什均衡（Bayesian Nash equilibrium）和精炼贝叶斯纳什均衡（perfect Bayesian Nash equilibrium）。

博弈的要素：

局中人：在一场竞赛或博弈中，每一个有决策权的参与者称为一个局中人。只有两个局中人的博弈现象称为“两人博弈”，而多于两个局中人的博弈称为“多人博弈”。

策略：一局博弈中，每个局中人都有权利选择实际可行的完整的行动方案，即方案不是某阶段的行动方案，而是指导整个行动的一个方案，一个局中人的一个可行的自始至终全局筹划的行动方案，称为这个局中人的一个策略。如果在一个博弈中，局中人都总共有有限个策略，则称为“有限博弈”，否则称为“无限博弈”。

得失：一局博弈结局时的结果称为得失。每个局中人在一局博弈结束时的得失，不仅与该局中人自身所选择的策略有关，而且与全局中人所取定的一组策略有关。所以，一局博弈结束时每个局中人的“得失”是全体局中人所取定的一组策略的函数，通常称为支付函数。

对于博弈参与者来说，存在着唯一的博弈结果。根据以上理论分析，针对云数据中心，任务调度的条件：

① 有一组具有不同工作量的任务；

② 存在一组处理速度不同的处理器。

（12）纳什均衡是一个稳定的博弈结果。纳什均衡是指在一策略组合中，所有的参与者面临某一种情况，当其他人不改变策略时，该参与者此时的策略是最好的。也就是说，此时如果参与者改变策略，参与者的支付将会降低。

在纳什均衡点上，每一个理性的参与者都不会有单独改变策略的冲动。纳什均衡点存在性证明的前提是“博弈均衡偶”。“均衡偶”是在二人零和博弈中，局中人 A 采取其最优策略 a^*，局中人 B 也采取其最优策略 b^*，如果局中人 B 仍采取 b^*，而局中人 A 却采取另一种策略 a，那么局中人 A 的支付不会超过他采取原来的策略 a^* 的支付。这一结果对局中人 B 亦是如此。

由此，“均衡偶”的明确定义：一对策略 a^*（属于策略集 A）和策略 b^*（属于策略集 B）称之为均衡偶，对任一策略 a（属于策略集 A）和策略 b（属于策略集 B），总有：偶对 $(a,b^*)\leqslant$ 偶对 $(a^*,b)\leqslant$ 偶对 (a^*,b^*)。

对于非零和博弈同样有如下定义：一对策略 a^*（属于策略集 A）和策略 b^*（属于策略集 B）称为非零和博弈的均衡偶，对任一策略 a（属于策略集 A）和策略 b（属于策略集 B）总有：对局中人 A 的偶对 $(a,b^*)\leqslant$ 偶对 (a^*,b^*)；对局中人 B 的偶对 $(a^*,b)\leqslant$ 偶对 (a^*,b^*)。

根据上述定义，则得到纳什定理：任何具有有限纯策略的二人博弈至少有一个均衡偶，这一均衡偶就称为纳什均衡点。

经典的分配模型的表示为对不同处理器的任务分配结果，其中纳什均衡状态表示为当所有其他任务调度分配处理器策略一定时，单个任务无法通过改变其自身的任务调度策略取得更高的收益，此时则称任务组达到纳什均衡。

纳什均衡表现为两位或两位以上的竞争者参与竞争，各自具有初始效用值，在竞争中尽可能取得双赢局面，使得其总的效用值最大，该理论在云计算系统中体现为保证各个虚拟机的特定资源需求，保证虚拟机之间资源竞争的公平性[81,82]。

2.2 面向云计算的任务优化调度算法

云计算任务优化调度根据调度的处理时间分为静态调度和动态调度：在任务调度开始之前，任务所处节点可以得到所有的资源以及任务相应的信息，并且节点根据这些信息在任务调度开始就决定了任务的调度方案是静态调度；由于云计算系统中的资源具有动态性、异构性，在调度的过程中，任务队列中也可以动态地添加或者删除任务，因此，任务的调度也具有动态性，这样的调度则属于动态调度[83-85]。

静态任务调度算法不仅包括许多经典的调度算法，如贪心算法、Min-Min 算法[86]、Max-Min 算法[87]、Sufferage 算法[88]等，同时也包括为了完成关联任务，结合了工作流和 DAG 图的调度算法[89-91]。动态任务调度算法则根据当前主流的算法分为智能型的任务调度算法，如蚁群优化算法[92]、模拟退火算法[93]和较为热门的 Hadoop 的 FIFO（First In First Ou）调度算法、推测式任务调度算法、LATE 算法[94,95]、公平调度算法[96]、计算能力调度算法[97]。

独立任务调度即任务不需和其他任务有关系，可单独进行调度，任务之间可以并列。关联任务调度即任务的调度有先后顺序。贪心算法、Min-Min 算法、Max-Min 算法、Sufferage 算法等属于独立任务调度常用的基础任务调度算法，此类算法都可以解决独立任务调度问题。而对具有依赖关系的任务进行调度，则需要在任务调度中根据任务的前后关联性，考虑任务的调度算法结合工作流或者 DAG 图，以此作为新的调度策略完成系统的任务运行。

由于云计算任务优化调度本质上是一个 NP 完全问题，为了快速获取一个满意的调度方案，在一个较短的时间内将大量用户任务分别映射至合适的资源，通常可以利用基于智能的任务优化调度的算法，如蚁群优化算法、模拟退火算法等，通过迭代对解进行优化，最终求得调度问题的近似最优解。

2.2.1 经典的任务优化调度算法

（1）贪心算法

贪心算法即在对问题求解时，总是做出在当前看来是最好的选择，即所做出的选择是在某种意义上的局部最优解的算法过程。用户在选择贪心算法时必须具备无后效性，即某个状态以前的过程不会影响以后的状态，只与当前状态有关。

贪心算法解决问题的过程：首先，将被调度对象分为两个集合，一个包含已经被考虑过并被选出的候选对象，另一个包含已经被考虑过但被丢弃的候选对象，通过算法给定的函数来检查一个候选对象的集合是否提供了问题的解答。该函数不考虑此时的解决方法是否最优，另外一个函数检查一个候选对象的集合是否是可行的，也即是否可能往该集合上添加更多的候选对象以获得一个解，和上一个函数一样，此时不考虑解决方法的最优性。然后，随着算法的进行，选择函数可以指出哪一个剩余的候选对象最有希望构成问题的解。最后，目标函数给出解的值。为了解决问题，需要寻找一个构成解的候选对象集合，它可以优化目标函数，使得贪心算法逐步进行。

但对于贪心算法而言，找到一个简单可行的最优解是不切实际的，因此该算法具有一定的最优解查询的局限性。

（2）Min-Min 算法

Min-Min 算法通过获取任务执行的最早执行开始时间和最快执行速度，完成启发选择，当把所有任务指派给执行该任务最早而且执行该任务的资源时，则全部的任务完成的时间最短。算法的过程：获得每个任务的最早执行时间及其资源的需求，再将具有最短最早完成时间的任务指派给获得它的资源，指派完成后更新资源的就绪时间，并将分配过的任务从任务集合中删除。如此重复，直到全部任务被分配完毕为止。

该算法容易导致负载过度集中在能力较强的节点上，造成高性能节点超负荷运转，而其余性能较低节点的处理能力却没有得到很好的利用，导致资源并不能够得到充分的利用。

（3）Max-Min 算法

Max-Min 算法与 Min-Min 算法类似。一旦某个任务获得最早执行时间的资源，将具有最长最早完成时间的任务指派给该资源节点，并更新资源的就绪时间。如此重复，直到所有任务分配完毕。将 Max-Min 算法与 Min-Min 算法进行比较，可以得出，对于 Min-Min 算法，先执行完成时间短的任务，然后执行完成时间长的任务，而 Max-Min 算法则先完成执行时间长的任务，然后执行完成时间短的任务。

在同构非均匀的计算系统中，Min-Min 算法的调度性能优于 Max-Min 算法，在异构计算环境中，当执行时间短的任务数量远超过执行时间长的任务数量时，Max-Min 算法性能也可能优于 Min-Min 算法。

（4）Sufferage 算法

Sufferage 算法在比较各任务之间的执行损失，尤其是任务之间具有冲突时，将损失最大的任务最终分配给候选资源，从而使得调度结果更逼近最优解，其调度思想为资源总是应该被分配到估计的执行损失最大的资源节点上，不然，将会遭受估计到的最大的损失。

在 Sufferage 算法中，任务的执行损失被定义为任务的实际完成时间与最短完成时间之间的差值，称之为 Sufferage 值。如果在 Sufferage 值大的应用场景中，由于实际完成时间与最短完成时间之间的差距较大，若本次任务不被调度在具有最短完成时间的最优资源上，在下次调度时将对整个调度跨度造成较大的影响。该算法也属于贪心算法的一种，其贪心的对象不是最短完成时间或最长完成时间，而是最大任务执行时间的损失。

（5）DAG 任务调度算法

DAG，即有向无环图（Directed Acyclic Graph, DAG）。在当前的大数据处理应用中，DAG 用来表示将计算任务在内部分解成若干个子任务，将这些子任务之间的逻辑关系或顺序构建成 DAG 结构。分布式结构 Dryad、Flumejava 和 Tez，都是明确构建 DAG 计算模型的典型，其中的计算任务均以 DAG 形式出现。

利用 DAG 完成任务调度算法，分三层结构表示：最上层是应用层，即通过一定手段将计算任务分解成由若干子任务形成的DAG结构，方便应用商快速搭建架构。中间层是DAG执行引擎层，主要目的是将上层DAG计算任务通过转换和映射，将其部署到下层的物理机集群中运行，该层是运行DAG计算的核心部件，完成计算任务的调度、底层硬件的容错、数据与管理信息的传递以及整个系统的管理与正常运转。最下层是物理机集群，即由大量物理机器搭建的分布式计算环境，完成计算任务的最终调度执行。

2.2.2 智能型的任务优化调度算法

（1）蚁群算法

蚁群算法是以蚂蚁觅食行为为原理而得到的智能算法。蚁群通过信息素进行相互协作，形成正反馈，从而找到最短路径。蚁群算法的求解模式能将问题求解的快速性、全局优化特征结合起来。其中，寻优的快速性是通过正反馈式的信息传递和积累来保证的。而算法的早熟性收敛又可以通过其分布式计算特征加以避免，同时，具有贪婪启发式搜索特征的蚁群系统又能在搜索过程的早期找到可以接受的问题的解答。

蚁群算法是一种本质上的并行算法，可以将其看作一个分布式的多智能体系统，它在多点问题空间同时开始进行独立的解搜索，不仅增加了算法的可靠性，也使得算法具有较强的全局搜索能力。同时，蚁群算法的正反馈的过程使得初始的不同得到不断的扩大，又引导整个系统向最优解的方向进化，使得算法演化过程得以进行。

（2）模拟退火算法

模拟退火算法是利用金属退火原理建立的全局优化方法，具体执行内容为借助随机搜索技术从概率意义上找到目标函数的全局最小点。模拟退火算法具有较强的局部搜索能力，并能规避使搜索过程陷入局部的最优解。

在模拟退火算法中，金属退火过程的两个温度差的状态点是无关的，即任一温度的马尔可夫链都可以逐渐达到平稳分布，且在每一个状态的概率服从平稳分布，这使得算法在现实应用中可保证应用的不同状态都可以逐渐达到稳态。

2.2.3 分布式系统的任务优化调度算法

（1）FIFO 调度算法

FIFO 调度算法中应用任务存放队列存放用户提交的任务，所有任务按照用户提交时间顺序执行，任务的分配由指定的分配模块完成。

FIFO 算法的思想是对用户提交的任务不做优先区分，而按照先来后到的顺序执行，算法实现起来简单。但在实际应用中，不同任务会有不同的优先级别要求，这样在执行该算法时，例如在一个生产型任务被调度之后，系统资源将被长时间占用，之后的交互型任务会消耗内存资源。所以在应用该调度算法时，就要保证该任务会被分配到内存资源充分的任务跟踪程序上执行，避免由于资源不足造成任务无法执行或者执行速度缓慢的情况发生。

（2）推测式任务调度算法

MapReduce 将作业划分成许多个任务，然后并行运行这些任务，从而使作业的总运行时间少于串行运行的时间。但一个并行运行的作业，它的运行时间对于那些运行缓慢的任务很敏感，因为运行一个缓慢的任务会使整个作业所用的时间增加很多。在运行由成百上千个任务组成的作业时，出现这种少数缓慢的任务的情况是很常见的。为了解决这一问题，在 MapReduce 的开源实现 Hadoop 中，采用了推测式任务调度（Speculative Task）。

推测式任务调度算法是指在分布式集群环境下，因为程序问题、负载不均衡或者资源分布不均，造成同一个工作的多个任务运行速度不一致，有的任务运行速度明显慢于其他任务（比如，一个工作的某个任务进度只有10%，而其他所有任务已经运行完毕），则这些任务拖慢了作业的整体执行进度，为了避免这种情况发生，Hadoop会为该任务启动推测式任务，让推测式任务与原始任务同时运行，先使用运行完的任务。

推测式任务调度算法的思路是以空间换时间，同时启动多个相同任务，哪个完成得早，则采用哪个任务的结果，这样可以明显提高任务的计算速度，但是，这样却会占用更多的资源，在集群资源紧缺的情况下，合理地控制推测式任务，可在利用少量资源的情况下，减少大作业的计算时间。

（3）LATE 算法

现有的 Hadoop 调度器都是建立在同构集群的假设前提下，具体假设：

① 集群中各个节点的性能完全一样；

② 对于 Reduce Task，它的三个阶段：复制、分类和规约，用时各占 1/3；

③ 同一工作的同类型的任务是一批一批完成的，在使用时它们基本一样。

现有的 Hadoop 调度器存在较大缺陷，主要体现在探测落后任务的算法上：如果一个任务的进度落后于同类型任务进度的 20%，则把该任务当作落后任务从而为它启动一个备份任务。如果集群是异构的，对于同一个任务，即使是在相同节点上的执行时间也会有较大差别，因而在异构集群中很容易产生大量的备份任务。

LATE 调度器从某种程度上解决了现有调度器的问题，它定义了三个阈值：系统调度上限，系统中最大同时执行的任务数目；慢节点阈值，计算节点的特定得分低于该阈值的节点（快节点）时不会启动任务；慢任务阈值，当任务进度低于同批同类任务的平均进度的慢节点阈值时，会为该任务启动计时。它的调度策略：当一个节点出现空闲资源且系统中总的备份任务数小于系统调度上限时，如果该节点是慢节点（节点得分高于慢节点阈值），则忽略这个请求。对当前正在运行的任务按估算的剩余完成时间排序：选择剩余完成时间最长且进度低于慢节点阈值的任务，为该任务启动备份任务。

（4）公平调度算法

公平调度算法是由 Facebook 提出的一种新的调度算法，其基本思想是最大限度地把系统中的资源平均分配给用户提交的任务。假如在系统中仅存在一个执行的任务，那么它会占用全部的系统资源，如有新的任务进入系统，一些任务跟踪程序会被释放并被安排执行新的任务，而且要保证各个任务之间能够获得几乎没有差别的资源。

公平调度算法为每个用户建立一个单独的任务池用于存放任务，这样使得系统可以根据用户的数量平均分配系统资源，而不用考虑每个用户实际提交了多少个任务。公平调度算法根据任务的资源差值来决定各任务之间获得资源的水平，任务差值就是任务在理论上应该获得的系统资源和任务实际获得的系统资源的差值。任务差值越大表示任务当前获得的资源水平越低，越小表示当前获得的资源水平越高，则可以演变为两种任务优先级分配算法：优先分配差值大的任务和优先分配差值小的任务。

在实际应用中，公平调度算法通常会给不同的任务和任务池赋予不同的权值，可以根据任务的优先级等因素合理地为不同用户的不同任务分配系统资源，把该算法演变为相对公平的任务分配，使其能够更符合实际应用。该算法具有很强的交互性，可以提高用户的体验性，但对于存在大量用户和任务请求的场景，存在频繁地释放资源、调度任务等方面的弊端。

（5）计算能力调度算法

计算能力调度是由 Yahoo 提出的任务调度算法，该算法使用多个工作队列维护用户提交的任务，每个工作队列都可以根据配置获取一定的任务跟踪程序来执行任务，计算能力调度算法按照配置策略给不同的队列分配合理的系统资源。

计算能力调度算法的内容：当某个系统资源已经被分配给某工作队列但未被使用时，每个工作队列公平地分享这些资源；当没有按照配置的设定数值获得充足资源的工作队列中的任务处理量增大时，之前分配给该工作队列又被其他工作队列占用的系统资源在完成当前任务后，立刻返还给它应属的工作队列。计算能力调度算法以此提高系统的资源利用率。

计算能力调度算法将每一个工作队列模拟成一个具有特定处理能力的独立 Hadoop 集群资源，在每个工作队列中采取基于优先级的 FIFO 调度算法，每个工作队列中的工作按照优先级排列依顺序获得系统资源。

计算能力调度算法是非抢占式的，即当一个任务开始执行后，它不会因为工作队列中又进来一个优先级更高的任务而被迫放弃已占用的系统资源。新加入的任务只能等待正在执行的任务执行完成后，再按照优先级访问系统资源。此外，计算能力调度算法还会根据任务的不同类型进行按需调度，如果一个任务需要大量的内存资源，那么调度算法就要保证该任务会被分配到内存资源充分的任务跟踪程序上去执行。

2.3 本章小结

云计算任务优化调度是云计算系统主要的研究课题之一，本章重点综述了在云计算任务优化调度方面的国内外研究现状及发展现状。对云计算的任务优化调度问题进行分析，介绍了近几年面向云计算任务优化调度问题的模型分类情况，在此基础上，介绍了云计算任务优化调度的相关算法，对算法的优缺点进行了详细介绍。虽然在任务优化调度研究领域已经提出了许多行之有效的算法，但仍存在问题。如何能对云计算任务进行更优化的调度，保障用户的 QoS 需求，同时保证云服务提供商的利益。

第 3 章　基于动态副本机制的云计算任务优化调度体系架构

云计算作为一种商业服务模式，面对大量的任务应用请求以及不同的 QoS 目标约束，云计算系统需要以较低的调度成本、较短的时间对任务进行调度执行，并且要保证整个系统的性能，如资源的高效利用率、负载水平要相对均衡。这种用户任务需求与系统性能的要求矛盾的解决方法成为云计算的技术难点。本章为读者展示一种云计算任务优化调度体系架构，在这个任务优化调度体系架构中，从全局出发，考虑任务调度的各项调度系数，对各种功能模块均有具体的规范描述，对基础层、应用层的任务调度策略的测试不用基于任何假设条件，保证各层应用任务调度策略高效运行。考虑云计算系统基础集群由普通计算机组成，故障频繁发生，严重影响应用任务的正常调度，因此结合云计算系统资源动态分配的特点，将动态的数据副本管理策略引入到提出的任务优化调度体系架构中，保证了云计算系统的可靠性、稳定性。

3.1 云计算任务调度体系架构

云计算任务调度体系架构各个模块的功能如图 3-1 所示。

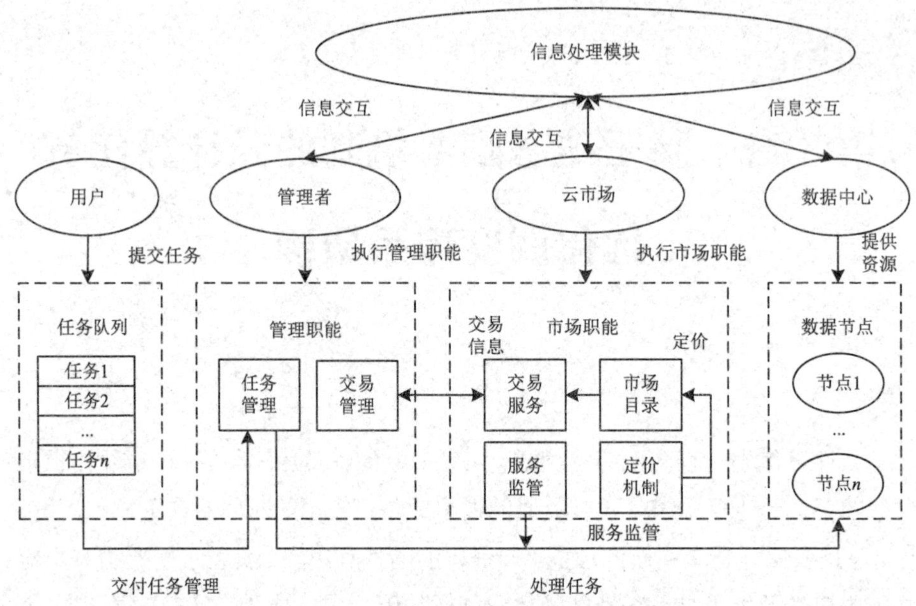

图 3-1 云计算任务调度体系架构

云计算系统中集合了多种可用资源，对各种资源的管理涉及网络带宽、收费标准等不同的参数属性，不同于传统计算模式中任务的执行效率是用户关注的重点，在云计算系统中，任务的费用、执行的时间，以及各项 QoS 约束要求都是影响云服务水平的重要因素。因此考虑全面的策略不仅满足了用户对任务的执行需求，而且提高了云计算系统的资源利用率，增加了云服务商的利益。而一项不合理的调度策略在为用户利益造成损失的同时，会造成云计算资源的大量浪费。针对以上问题，并结合云计算的商业应用价值，构建云计算任务调度体系架构。

设计的架构由用户、管理者、云市场、信息处理模块、数据中心组成。

（1）用户：当用户发出具有 QoS 目标约束条件应用任务优化调度请求时，位于应用任务与云市场之间的管理者对任务进行管理。

（2）管理者：管理者对用户的任务进行管理、调度，并根据任务的属性对市场交易需求进行管理。

（3）云市场：云市场连接数据中心与管理者，提供云环境中任务运行所需的服务管理和交易的基础设施，其作用包括允许用户使用合理的价格寻找供应商的市场目录，对云服务进行监管，对资源进行调度。其中，监管的作用是使得交易更符合市场要求，同时进行最终定价的监督管理。

（4）信息处理模块：管理系统中各类信息，并记录应用、计算等资源的信息。

（5）数据中心：数据中心由多个数据节点组成，是云计算环境下的服务提供商，提供各种计算或存储资源。

对于用户发出的新的任务请求，首先进入任务队列，在管理者处登记，管理者会先通过信息交互服务器查询可用资源，然后通过云市场管理获取资源，运用合适的任务优化调度策略，执行调度操作。此时，云市场进行资源调度，将任务交由合适的资源节点处理，其中，任务的执行时间、服务的收益、调度的成本都在云市场中进行登记，等待任务结束，云市场获取一定的收益。

3.2 基于动态副本的云计算任务调度过程

为了保持较低的成本，云计算系统使用普通的计算机以及计算机基础服务器来部署节点，而作为主机节点的普通机器无法提供性能良好的纠错服务，硬件故障、单点失效等问题不可避免，导致云计算系统中的部分应用任务无法正常调度；并且对于特定节点的频繁访问，容易导致节点的负载率急速上升，因此，需为频繁访问的数据文件创建多个副本，并置于多个存储节点，保证任务调度的有效性。由于节点的动态性和异构性的影响，不同于静态的副本管理，在云计算系统中，副本数目及存放地点需要根据用户任务的需求、系统的状态，动态地调整。相应地，副本管理策略也要具有动态性。

根据云计算的存储特点及副本创建需求，在云计算任务优化调度体系架构中引入动态副本机制，任务的调度过程如图 3-2 所示。

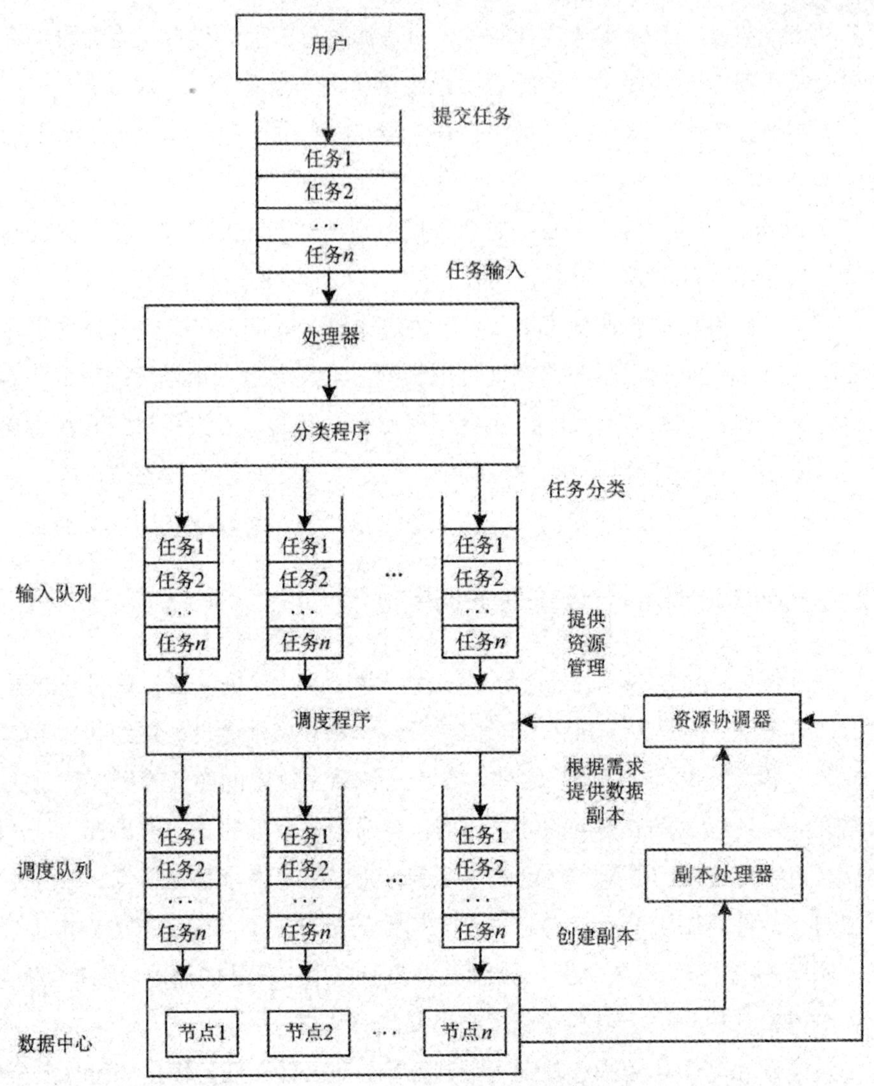

图 3-2 具有动态副本机制的云计算任务优化调度

用户任务需求的资源调度请求通过处理器、分类程序、副本处理器、资源协调器、调度程序执行。

（1）处理器根据预先设定的任务属性对应用任务的参数进行分析，根据分析结果将任务发送至程序。用户提交的任务的属性描述说明如表 3-1 所示。

（2）分类程序用于对任务按照一定参数进行分类。

（3）副本处理器用于收集、管理各种数据副本信息。对于副本的创建、复制、更新删除操作进行记录、处理，并管理整个过程。

（4）资源协调器用于资源整合，对资源进行再分类，资源属性如表 3-2 所示。

表 3-1　任务属性对应表

属性	说明
TT（Task Type）	用户任务的服务类型
AT（Arrive Time）	用户任务到达的时间
DT（Deadline Time）	用户任务所能容忍的执行截止时间
TC（Task Cost）	用户任务执行所需的成本
DC（Delay Cost）	由于完成时间超过用户任务的截止时间而产生的延迟成本
ET（Expected Time）	调度器根据调度情况得出的任务预计完成时间
EC（Expected Cost）	调度器根据调度情况得出的任务预计完成成本

表 3-2　资源属性对应表

属性	说明
RT（Resource Type）	资源类型
RC（Resource Cost）	单位时间内任务执行时所需资源的成本
RU（Resource Utilization）	任务执行时的资源利用率

（5）调度程序将任务需求的资源放置在合适的资源调度队列中。

3.3　基于动态副本机制的任务优化调度策略

动态副本管理策略必须解决好副本创建、副本更新问题。其中，副本创建策略用于解决创建副本的数据源、副本放置位置及放置数量，以便有效提高系统性能；副本更新用于副本更新或者及时处理失效的副本，以置换和释放部分存储空间，从而提高负载均衡水平以及数据文件的读写效率。

3.3.1 副本放置的节点选择过程

位置邻近的数据节点在系统中通过一个节点相连接，构成了一个分区Y。每个分区有一个分区负责节点，负责管理该域中的其他节点的信息，而每个普通节点管理自身的数据信息，如数据信息的访问记录、普通节点和分区负责节点之间定期进行信息的交换。

在副本创建初始阶段，利用启发式策略来完成对于副本创建的节点的筛选：

（1）选择同一个区中有空余存储空间、负载低的节点创建数据的写副本。

（2）在相邻且距离最近的n-1个区中创建副本。其中，n为该数据需要创建的最少的副本数。

实现副本创建的数据中心表示结构，如图 3-3 所示。

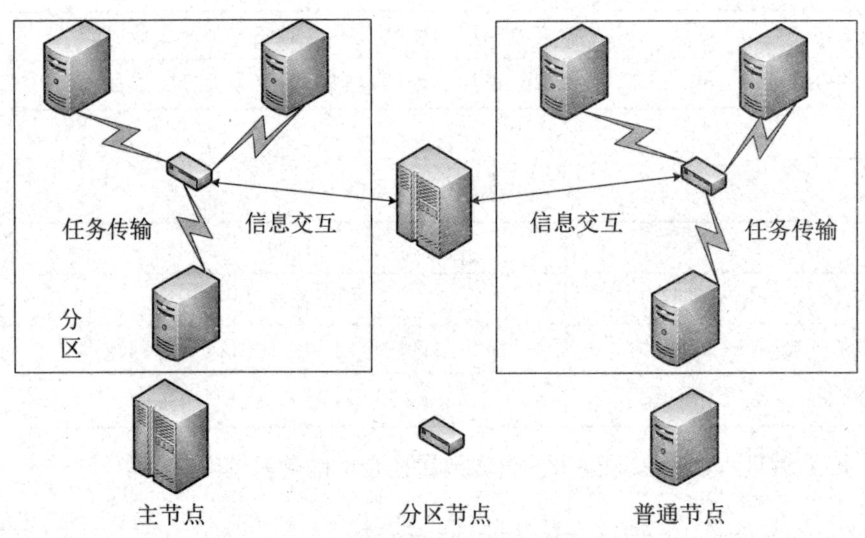

图 3-3 节点分布图

当创建副本的时候，需要符合两项创建规则：

（1）每个数据的副本创建由创建副本判断条件决定；

（2）每个节点对于副本的存放处于必须存放和不存放状态，对应的列表为L_1、L_2。

在 L_1 里的节点将被添加到数据副本存放的所有节点集合 R 中。

创建副本的判断条件，如公式（3-1）所示：

$$N_{\text{read}}\log\frac{T_{\text{delay}}}{T_{\text{total}}}>N_{\text{write}}\tau\varsigma \tag{3-1}$$

其中，数据所处节点的读操作数 N_{read}，数据的读操作所在数据中心的节点的网络延迟时间为 T_{delay}，节点数据传输总的延迟时间 T_{total}，数据所处节点的写操作数为 N_{write}，τ 为在访问操作中读、写所占的比例，ς 是复制调整参数，是用来衡量节点是否适宜放置副本的参数。

给定节点，则 ς 表示如公式（3-2）所示：

$$\varsigma=\frac{B_{\text{average}}r}{w} \tag{3-2}$$

其中，B_{average} 是节点的平均可用带宽，r 是节点的服务率，表示单位时间内节点响应的请求数与所有请求数之比，可以衡量节点的综合服务能力，包括节点的性能、动态性和可靠性；w 是节点的单位时间内数据传输所需要的空间。

复制调整参数与节点服务率、节点平均可用带宽成正比。复制调整参数的大小代表着该节点适宜放置该副本的程度，复制调整参数值越大，则该节点越适合放置副本。

3.3.2 副本创建及操作过程

在动态副本创建机制中，数据副本被分为三类：读副本、写副本、更新副本。数据的读副本、写副本在数据创建初始阶段产生，用于满足用户对于信息的读取和写入操作。对于频繁的读操作则由读副本接收完成；一个写操作首先会被发送到写副本上，然后更新到读副本上。副本的更新保证在一定的时间周期内完成，以确保数据内容的一致性。当放置写副本的节点负载超过一定阈值，则创建更新副本，用户的写操作可移至新创建的更新副本进行，同时更新副本将信息更新至写副本、读副本。当一个节点的某更新副本访问率低于一定值的时候，副本管理器会删除这个更新副本。

定义3.1 当一个节点上的数据副本的权值超过系统的特定阈值时，则此时数据复制产生的副本为更新副本。每个数据的更新副本能接受读操作和写操作，当出现写操作时，副本所在的节点会将该操作信息更新至写副本进行。

进行副本的更新，对于每个数据设置特定的权值，如公式（3-3）所示：

$$W=\frac{N_{\text{total}}}{T_{\text{response}}}+\frac{N'_{\text{data}}}{T_{\text{interval}}}+\frac{N_{\text{data}}}{T_{\text{current}}-T_{\text{lastaccess}}} \tag{3-3}$$

其中，N_{total} 指操作请求的总数目，T_{response} 指操作请求总的响应时间，N'_{data} 指在间隔 T_{interval} 内的访问次数，T_{interval} 指访问频率计算中采用的时间间隔的值，N_{data} 指对于某个数据复制之后再次访问的总访问数，$N_{\text{data}}=0$ 表示每次复制结束后，进行初始化；T_{current} 是当前访问时间，$T_{\text{lastaccess}}$ 是最近一次访问时间。

在存储过程中，计算权值所使用的一定的 CPU 资源远小于 I/O 所占用的资源，因此暂不考虑此处对于 CPU 资源的占用。同时由于采用了分域的层次结构，CPU 对于系统资源的占用较小。

3.3.3 动态的副本管理算法

定义 3.2 在单位时间内，访问读操作副本的次数 n_{total} 与读副本数量 n_{read} 的比，记作读副本的访问频率，表示为 f_{read}。

$$f_{\text{read}}=\frac{n_{\text{total}}}{n_{\text{read}}} \tag{3-4}$$

如果 f_{read} 大于系统的给定阈值 γ，则该读副本为热点数据源。

定义 3.3 读副本的平均响应时间 T'_{read} 为单位时间内所有读副本被访问的响应时间之和与相应的访问频率比。

$$T'_{\text{read}}=\frac{\sum_{i=1}^{R}T_{\text{read},i}}{f_{\text{read}}} \tag{3-5}$$

在数据副本存放的所有节点集合R内，设数据具有的副本数量最小值为M'，需要增加副本数为M''，则M''需满足：

$$M'' = \left\lceil \frac{M'\left(T'_{\text{read}} - \varpi\right)}{T'_{\text{read}}} \right\rceil \tag{3-6}$$

其中，ϖ 为系统设定的阈值，通常取值为 $2T_{\min}$，$T_{\min}$ 为最小响应时间。

在云计算系统中，对于副本放置的节点的选择以及数据副本的建立，应充分考虑节点的状态：节点的负载、节点的空间大小、通信状态以及特定时间段的访问率及通信失败率等。结合 3.3.1 节对于节点分域的设置，因为放置副本节点并不一定拥有分区所有节点的相关信息，所以此处副本位置的计算由分区负责节点完成，以保证避免单点失效造成的损失。同时，分区负责节点根据数据资源放置在每个待选节点上的复制调整参数，选择 M' 个具有最大复制调整参数的节点作为副本创建数量的最少地点。提出的 DRA 算法则根据副本的信息确定副本创建域、副本数量、放置位置，并随着信息参数，动态地进行副本数量、位置调整，保证云计算系统数据的可用性、可靠性。

算法 DRA 算法

步骤 1：初始化副本状态（L_1 或者 L_2）。

步骤 2：放置副本节点计算数据资源 D_{need} 的访问频率 f_{read}，如果 f_{read} 大于预先给定的阈值 γ，则数据资源 D_{need} 就是热点资源，热点资源表示该数据资源 D_{need} 的单位副本在过去的一段时间内被频繁访问，可能需要创建更多的副本并更新。

步骤3：对于每个热点资源，计算其 T'_{read}，如果热点资源的 T'_{read} 大于预先给定的阈值 γ'，则需要对数据资源创建副本，将此类资源存放在集合副本创建域 Y_{lack} 中。

步骤4：对于每个 Y_{lack} 中的数据，节点记录单位时间内对数据资源 D_{need} 的所有访问请求。如果副本创建区 Y_{lack} 内节点访问资源的平均响应时间大于数据资源 D_{need} 的平均响应时间，则需要在 Y_{lack} 内创建副本。用于分割热点数据的阈值 γ，其取值设置 Y_{lack} 内临近该节点的 f_{read} 的平均值，用于分割是否需要创建副本的阈值 γ'，其取值设置为 Y_{lack} 内临近该节点的 T'_{read} 取值的平均值。

步骤5：对于每一个 Y_{lack} 内的数据和节点，依次按照步骤循环执行①、②，确定需要所有适合放置副本的节点和创建的副本数量。

① 放置副本节点根据域首节点中记录的数据资源 D_{need} 的所有副本的访问情况，根据公式（3-5）统计单位时间内数据资源 D_{need} 的副本在区 Y_{lack} 内的平均响应时间，根据公式（3-6）计算区 Y_{lack} 内所需副本数量 M''。

② Y_{lack} 的负责节点确定 M'' 个适合放置副本的节点。若 Y_{lack} 内没有资源 D_{need} 的节点可以作为创建副本的备选地点，负责节点根据公式（3-2）计算数据资源 D_{need} 放置在每个待选节点上的复制调整参数 ς，选择 M'' 个具有最小复制调整参数的节点作为副本创建地点，并将节点位置信息传递给放置副本节点。

步骤6：在计算所得节点上创建数据副本。

步骤7：所有数据都按照由公式（3-3）计算的权值进行排序，然后在权值高的数据中选取特定范围的数据进行复制，并且复制到负载小的节点上去，完成数据副本更新操作。

步骤 8：求得副本数量及副本放置位置。

3.4 实验结果与性能分析

3.4.1 实验环境

实验平台采用CloudSim软件。CloudSim在离散事件模拟包SimJava上开发了函数库，该函数库包含了能够模拟资源节点和任务节点动态行为的函数和属性，基本涵盖了云计算的基本应用；同时，该函数支持用户根据具体的应用来增加特殊应用场景下的特殊行为函数。

实验对 CloudSim 的用户代码内容基于 C++语言进行编写，模拟的云计算系统结构是层状结构，具有管理节点、头文件节点、普通节点三种节点，分布存放着例如管理信息，节点的位置、负载、访问请求等情况。云计算系统中包含 3000 个用户，3000 个用户分为 10 个区，共随机存储着 30 万个数据，数据采用 Zipf-like 分布进行测试；节点之间的网络带宽在 100Mb～1000Mb 范围内随机进行设置。系统的参数设置如表 3-3 所示。

表 3-3　参数设置

参数	数值
响应时间	500ms
服务能力	5~15GB
Zipf 参数	0.5
节点服务率 r	0.5
数据传输所占空间 w	30Mb

3.4.2 实验结果分析

实验中将 DRA 算法、具有固定副本数量的复制算法 FRN（Fix Replica Number）[98]、局部动态的复制算法 LD（Local Dynamic）[99]进行任务响应延迟、消耗网络带宽的评估指标的对比。在 FRN 中，每个数据都有固定数量限制的副本，各个数据中心都有一个标识数，通过标识数映射到一个环中，根据映射的值决定放置副本的位置；在 LD 中，如果有数据读操作要求，则通过更新非主副本来动态地进行数据副本的操作。

在对数据副本的管理过程中，FRN 算法在整个数据的请求访问活动期间，其数据副本数量并不发生变化，由此，会导致整个系统的负载均衡水平不能动态地进行调整，出现负载不均衡、系统存储空间分配不均等问题。

局部动态的复制算法 LD 通常采用最近、最少使用或者最近、最常使用的副本置换原则进行副本的更改，即在选取数据的放置目标时，考虑副本的使用频率，删除长时间未被访问或者访问频率较低的副本，以上副本的置换标准虽具有一定的合理性，但不全面。

对于数据长度不一致但请求访问频率无明显差别的数据副本，通常会由于文件较长的数据副本占据更多的存储空间，该类副本被删除，以释放占用的存储空间，这样往往忽略了文件的大小，易造成数据的丢失。由此，对三种算法的原理进行分析，对算法的性能进行测试。

（1）副本更新比例对性能的影响

因不同类型的用户任务具有不同的读写操作，将其比例设置为1.0、0.9、0.8，采用FRN算法、LD算法、DRA算法三种算法对系统延迟、带宽的影响如

表3-4～表3-6所示。

表 3-4 比例为 1.0 时算法对性能的影响

参数	FRN	LD	DRA
延迟（ms）	18	10.2	2.2
带宽（MB）	33	25	18

表 3-5 比例为 0.9 时算法对性能的影响

参数	FRN	LD	DRA
延迟（ms）	18	13	6.5
带宽（MB）	60	42	38

表 3-6 比例为 0.8 时算法对性能的影响

参数	FRN	LD	DRA
延迟（ms）	18	16.5	7.8
带宽（MB）	101	70	58

表3-4～表3-6中系统延迟表明，对于FRN算法，当读操作的要求比例减少，延迟增长缓慢；对于LD算法，随着读操作比例的减少，当副本存在时间大于下一步的写操作请求的时间时，会造成需要到其他区进行访问的跨区访问问题，这样也会使系统的延迟增加；对于DRA算法，随着读操作请求的比例减少，读操作请求响应时间超过阈值，导致副本的平均数量减少，需要到其他区进行访问，但区的划分更合理，所以总延迟增加趋势小于LD算法。其中带宽消耗表明，对于FRN算法，当读操作比例减少，更新操作带宽消耗增加，但写操作带宽消耗保持不变，所以总的系统带宽消耗快速增加。对于LD算法和DRA算法，随着读操作减少，更多的读操作会访问其他区甚至数据中心，导致带宽消耗增长，但对于DRA算法，由于其分区的设置，其消耗相对于LD算法仍然较小。

将区的数量设为20，在实验中选择某一个任务，将副本数量从1增加到8，每次递增1个副本数量，观察不同数量的副本对系统性能的影响，如图3-4和图3-5所示。

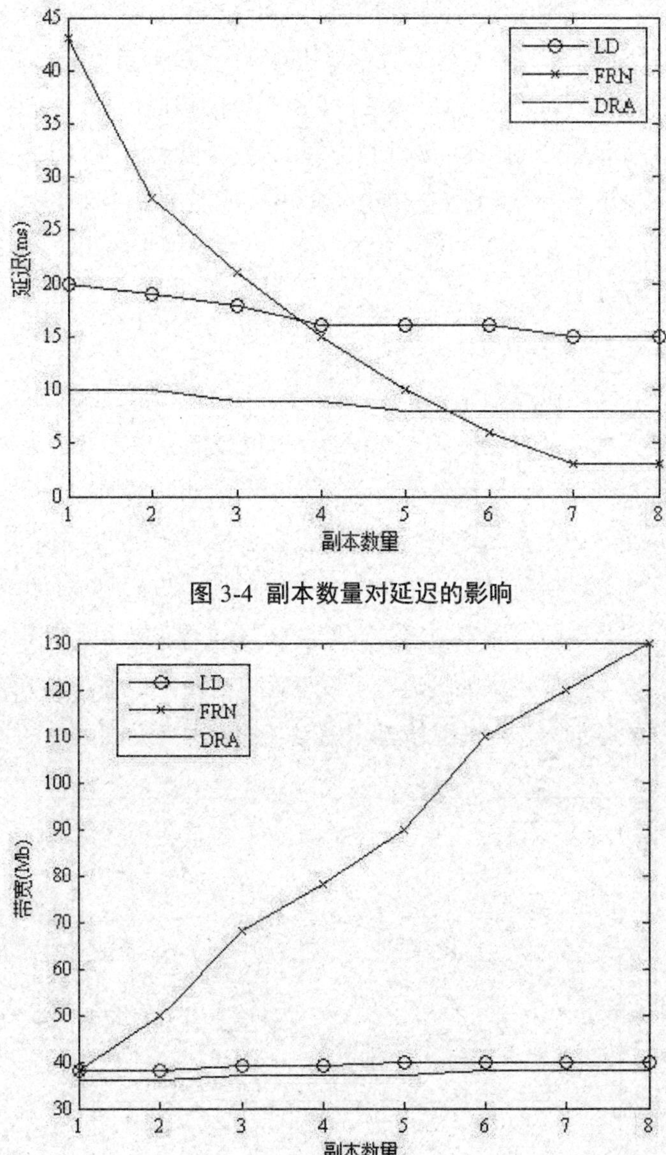

图 3-4 副本数量对延迟的影响

图 3-5 副本数量对带宽的影响

对于FRN算法来说，随着副本数量的增加，系统延迟时间逐渐降低。因为对于FRN算法，某个数据的副本数越多，它相关的数据的某个副本存放在同一个数据中心内的概率也越大，因此系统的延迟时间也相应降低。而对于LD算法和DRA算法，由于其采用了动态副本数量的策略，在系统延迟上较FRN算法差异大，只有当FRN固定的副本数量增加到4或5时，在影响系统延迟上才与LD算法、DRA算法相近。LD算法由于其主、非主副本的通信造成了一定系统延迟，其值大于DRA算法。当副本数增加时，每次的更新需要同步到区中其他节点，对于FRN算法来说，由于其固定的副本数、同步时数据的不断复制，消耗的带宽远大于LD算法、DRA算法，而LD算法的主、非主副本的同步更新机制使其带宽的消耗较DRA算法大。

（2）负载对性能的影响

采取FRN算法、LD算法、DRA算法，负载率对系统性能影响如图3-6和图3-7所示。随着负载率从0增加到0.1，FRN算法和LD算法会将延迟处理的本地请求转发到其他数据中心，从而造成延迟以及带宽消耗的增加。

对于DRA算法，当负载增加，出现过载情况时，不考虑将副本复制到其他数据中心，只考虑复制到本区中其他节点或者其他区，所以系统的延迟时间和带宽消耗不会发生变化。对于应用FRN算法以及LD算法，由于副本数量固定，即使动态调整副本数量也不能迅速对负载增大节点做出调整，且没有对节点的副本分布情况进行划分，因此系统延迟随着负载增加而升高。

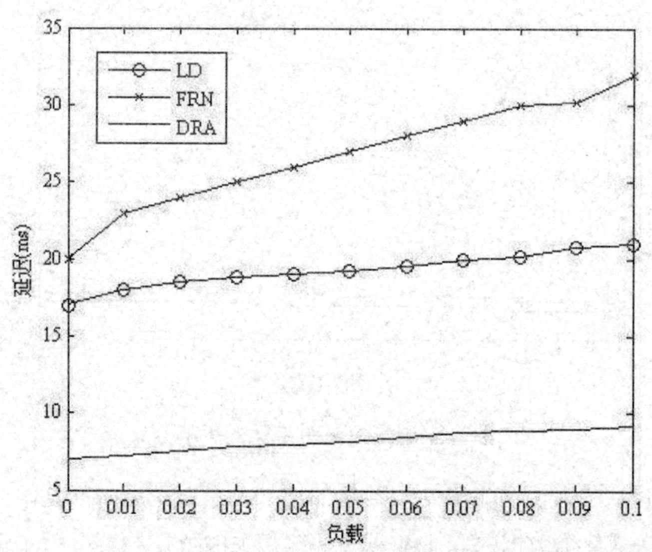

图 3-6 负载率对延迟的影响

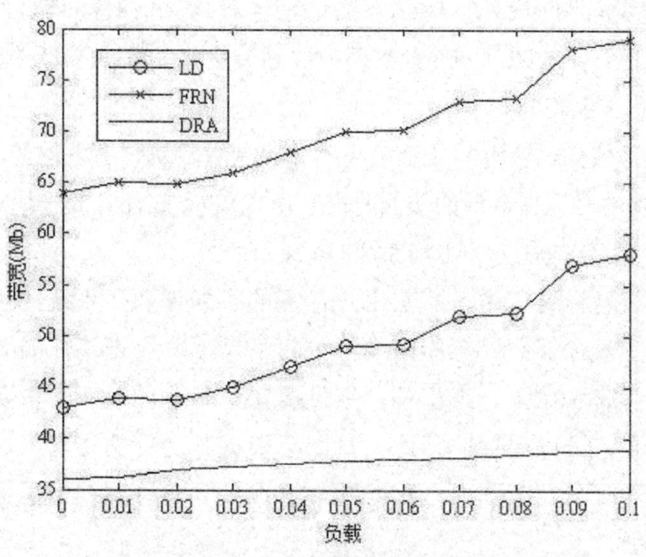

图 3-7 负载率对带宽的影响

（3）三种算法执行对系统的总体性能影响

不同任务数量的情况下，三种算法的平均完成时间如图3-8所示。

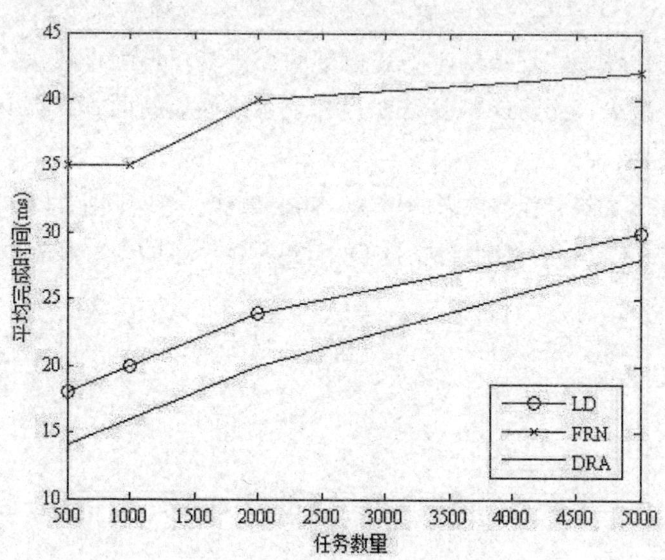

图 3-8 平均完成时间对比图

FRN算法固定副本数量，未考虑用户任务对数据资源请求的动态性，所以任务平均完成时间最长；DRA算法的任务平均完成时间最短，这是因为DRA算法为避免异地访问，在本数据中心划分区，并根据区的层次结构创建副本。

LD算法为减少响应时间从全局角度计算副本数量和副本位置，但仅在局部考虑降低本地对数据资源的访问时间，所以LD算法任务的平均完成时间略大于采用DRA算法的任务的平均完成时间。

在算法的运行过程中，随着用户任务的不断增加，系统的传输状况发生改变，但任务对于数据在传输过程中的可靠性以及正确性的要求并未改变，这就促使算法在执行过程中，不仅要保证传输的效率，更要在数据可靠性、容错性上予以保证，因此，算法会根据其运行的要求，逐步产生数据副本，并且在一定范围内，数据副本的数量会随着系统中任务数量的增加而不断增加。

FRN算法在访问资源的同时将资源复制，随着用户对数据读写操作请求的增加，副本数量随着任务数目的增加而增长；LD算法通过局部动态调整来决定是否进行数据复制，因此其副本数量相比于FRN算法较少；DRA算法根据对热点数据进行复制，并根据不同参数动态计算所需的副本数量，在相同条件下，任务的平均完成时间差不多，但副本数量较应用FRN算法时明显减少，证明DRA算法在提升了系统性能的同时，减少了创建副本的资源消耗。

图3-9显示了随着任务数量的增加，DRA算法、具有固定副本数量的复制算法FRN、局部动态的复制算法LD在执行过程中产生的副本数量的变化情况。

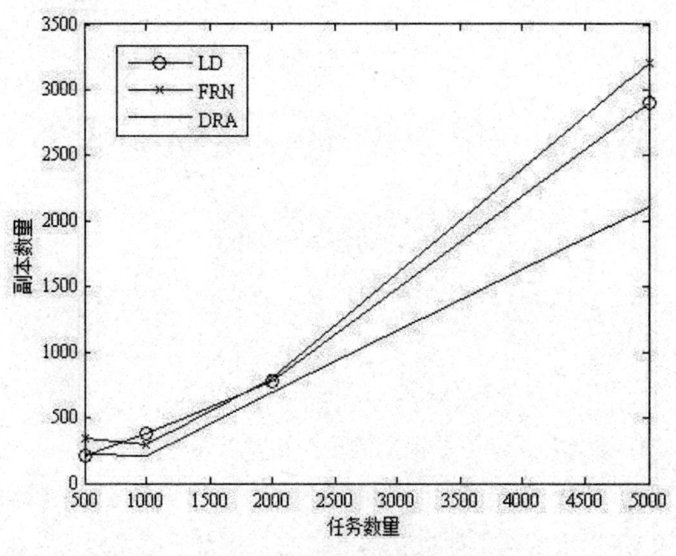

图 3-9 副本数量对比图

3.5 本章小结

本章在分析了近几年对于云计算任务调度架构设计的研究成果和存在问题的基础上，综合云计算系统中任务调度问题需优化的指标，对需要进行用户任务调度过程中的参数进行定义，提出新的云计算环境下的任务优化调度体系架构，详细阐述了用户任务执行流程，该架构保证了系统中任务调度策略的测试无须建立假设前提，解决了任务优化调度策略建立环境的特定设置问题。

本章深入分析了云计算系统中节点易出故障及缺乏纠错机制的问题，引入了副本机制，不同于普通的静态副本管理，设置动态副本管理，提出了基于动态副本机制的任务优化调度策略，从副本复制、更新的角度进行有效的副本管理，保证任务调度过程中信息的动态更新。

第 4 章 单数据中心基础层任务优化调度策略

云计算的任务调度是将用户提交的多个待执行的任务，调度到合适的节点进行处理，但在调度前需要满足基础设备、系统性能等多方面的约束。

在采用第3章提出的基于动态副本机制的云计算任务优化调度体系架构的基础上，本章主要针对数据中心基础层虚拟机环境下的任务调度中存在的任务运行时间较长，成本费用消耗大，不能满足任务的执行效率、成本费用的约束要求等问题，运用马尔可夫理论建立时间-费用模型，利用改进的遗传算法，结合蚁群算法，进行任务的优化调度，提高数据中心基础层云计算任务的优化调度效率、资源利用率，改善云数据中心任务执行时的系统性能。

4.1 单数据中心基础层任务优化调度问题的提出

从根本上来说，云计算强调的是按需服务的模式，当为用户请求的任务分配资源时，会出现必须多个资源同时提供以满足用户需求的情况，但要满足用户对于某些服务提出的响应时间、能耗、费用等多方面服务需求时，就需要将云计算中多个资源进行整合、协同、优化执行。

在数据中心的平台基础层，基于用户所需要资源的不同进行分类管理，管理情况如下：

内存：分配给每个虚拟机内存的标准值定义，标准值包括分配给缓冲区的内存和系统核心内存。

硬盘：分配给不同虚拟机的硬盘资源包括不同优先级的设置，因为不同优先级的设置会影响任务访问时占用通道的时间长短，或者等待服务队列的等待消耗。

网络带宽：根据数据中心应用层的需求，需要控制应用层的某个应用容器可支持的网络用户数量。

根据上述分析，所研究的数据中心基础层任务优化调度问题以及需要抽象的数学模型，属于多任务多资源调度的多维串集，适合用优化方法进行求解。传统优化算法是从单个初始值迭代求最优解的，容易误入局部最优解，而遗传算法正是从串集开始搜索的，覆盖面大，利于全局择优。

结合遗传算法在解决用户多目标服务优化问题、对于调度的动态性调整问题方面的优势，并融合蚁群算法对于问题求解的优化性，为云资源优化调度建立了相应的调度模型，提出遗传蚁群融合算法 MGAA（Modified Genetic Ant Algorithm），通过管理用户任务以及资源分配，利用合适的调度算法保证系统利用率，满足用户及服务提供商的需求。

4.2 基于马尔可夫理论的任务优化调度策略

在云数据中心，由于存在各种实际因素，例如节点的物理硬件异构问题，性能的动态改变问题等造成云环境中计算节点的不稳定性，用户的任务资源需求量大于实际资源的需求量等，因此利用马尔可夫理论，考虑系统的负载分布，提出状态平衡方程、稳态性能指标以及任务调度系统的稳态概率分布。其中假设及条件设置：

（1）每个资源独立地向任务提供服务。

（2）设置系统计时器，当系统的整体负载超过最大负载限制 L_{high}，系统发送一个调度请求，触发调度计时器，在时间 T_{timer} 内，将任务从超载节点传送到负载较轻节点，以保证服务质量，同时，保证系统的整体负载下降到正常值 L_{low}。其中，T_{timer} 符合以 μ 为参数的指数分布。

云数据中心基础层的负载状态转移如图 4-1 所示。

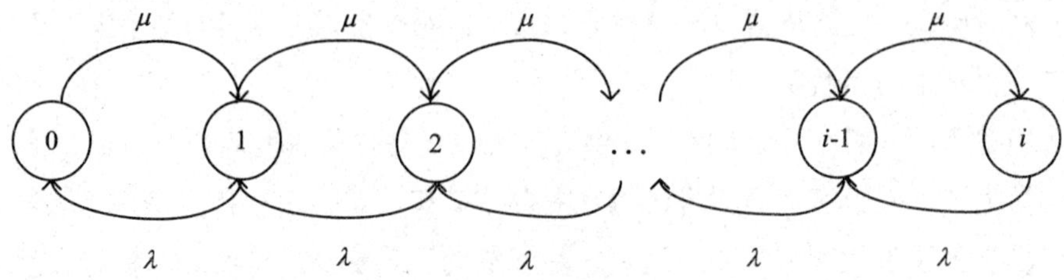

图 4-1 云数据中心负载状态转移

定义 4.1 $L(t)$表示系统在t时刻的负载，$P_{i,j}(\Delta t)=p\{L(t+\Delta t)\big|L(t)=i\}$表示系统在$\Delta t$时间内，从状态$i$到$j$的状态转移概率。

定义 4.2 $E=\{0,1,\cdots,L\}$表示系统负载的状态空间。

状态 1 在该状态i，计时器不工作，系统中没有任务到达：

$$P_{i,i-1}(\Delta t)=\lambda\Delta t\mathrm{e}^{-\lambda\Delta t} \tag{4-1}$$

状态 2 在该状态i，系统负载为L_{low}，部分任务到达：

$$P_{i,i-1}(\Delta t)=\lambda\Delta t\mathrm{e}^{-\lambda\Delta t}\mathrm{e}^{-\mu\Delta t} \tag{4-2}$$

状态 3 在该状态i，系统的负载大于L_{high}，计时器开始工作，进行任务调度：

$$P_{i,i-1}(\Delta t)=\mu\Delta t\mathrm{e}^{-\mu\Delta t}\mathrm{e}^{-\lambda\Delta t} \tag{4-3}$$

定义 4.3 当系统负载状态为状态 1 时，在该时刻，一个任务到达任务队列，系统的状态以概率λ转换到状态$i-1$。

当负载状态为状态 2 时，计时器不工作，系统以概率μ转移到负载为L_{low}的状态。如果此时任务到达，则以概率λ转移到状态$i-1$。

定义 4.4 当系统处于稳态，负载的稳态概率分布如公式（4-4）～（4-9）所示：

$$P_j=\lim_{t\to\infty}p\{L(t)=j\big|L(0)=i\},i,j=1,2,\cdots,L_{\text{low}},\cdots,L_{\text{high}} \tag{4-4}$$

$$\mu P_0=\lambda P_1 \tag{4-5}$$

$$\left(\lambda+\mu\right)P_i=\lambda P_{i+1},i=1,2,\cdots,L_{\text{low}} \tag{4-6}$$

$$P_i = \lambda P_{i+1}, i = L_{low} + 1, \cdots, L_{high} - 1 \tag{4-7}$$

$$\lambda P_{L_{high}} = \mu \sum_{k=0}^{L_{low}} P_k \tag{4-8}$$

$$\sum_{j=0}^{L_{low}+\Delta} P_j = 1 \tag{4-9}$$

其中，Δ为负载差值，各概率的表示如公式（4-10）～（4-12）所示：

$$P_0 = \frac{1}{\left[1 + \left(L_{high} - L_{low}\right)\frac{\mu}{\lambda}\right]\left(1 + \frac{\mu}{\lambda}\right)^{L_{low}}} \tag{4-10}$$

$$P_i = \frac{\frac{\mu}{\lambda}}{\left[1 + \left(L_{high} - L_{low}\right)\frac{\mu}{\lambda}\right]\left(1 + \frac{\mu}{\lambda}\right)^{L_{low}}}, i = 1, 2, \cdots, L_{low} \tag{4-11}$$

$$P_i = \frac{\frac{\mu}{\lambda}}{1 + \left(L_{high} - L_{low}\right)\frac{\mu}{\lambda}}, i = L_{low} + 1, \cdots, L_{high} \tag{4-12}$$

定义 4.5 在稳态下，负载的指标为平均负载水平$\overline{L}$，计时器在实际应用中启动的平均频率 Ta，计时器需要启动的平均频率 Tn。各个指标表示如公式（4-13）～（4-15）所示：

$$\overline{L} = \sum_{i=1}^{n} P_i t_i \tag{4-13}$$

$$Ta = \frac{1 + \left(L_{high} - L_{low}\right)\frac{\mu}{\lambda}}{\mu} \tag{4-14}$$

$$Tn = \frac{\left[1 + \left(L_{high} - L_{low}\right)\frac{\mu}{\lambda}\right]\left(1 + \frac{\mu}{\lambda}\right)^{L_{low}}}{\lambda} \tag{4-15}$$

其中，资源池有 n 个资源可供调度。

云数据中心单个任务接受服务的总费用表示如公式（4-16）所示：

$$c' = c_{\text{average}} + h'\overline{L} + (Ta + Tn)c_{\text{start}} \tag{4-16}$$

其中，c_{average} 是每个任务的平均费用，h' 是单位负载的消耗费用，c_{start} 是启动计时器消耗的费用。

4.2.1 基于时间-费用的任务调度模型

云数据中心的基础层调度约束分为两部分，一种约束为根据用户对执行时间的要求，将任务调度到节点；另一种约束是根据节点的负载情况以及任务的属性，将计算节点分配到虚拟机，以促进系统负载均衡，成本的费用尽可能保持较低水平。但由于要提高任务完成的效率、降低任务执行时间，需要增加节点，这样无疑加大了系统的消耗，如何能达到任务完成时间短、系统消耗低的双优化目标，是云计算系统基础层亟待解决的问题。

由此以时间、费用作为任务调度研究目标，建立时间-费用模型，在上述问题的研究过程中，不失一般性，首先对任务及处理模式进行假设：

（1）用户的要求被分解为多个子任务，子任务的粒度均匀，这些子任务均为相互间独立的任务；

（2）采用批处理模式，即可以利用充足的资源，做出足够合理的任务映射策略；

（3）每个用户的要求在标准资源上运行所需要的时间是已知的。

针对任务的调度及分配资源的情况，每次分配即确定了一个调度方案，构成任务和资源的映射关系 P：

$$P = \begin{vmatrix} p_{11} & p_{12} & \cdots & p_{1n} \\ p_{21} & p_{22} & \cdots & p_{2n} \\ \cdots & \cdots & \cdots & \cdots \\ p_{m1} & p_{m2} & \cdots & p_{mn} \end{vmatrix} \tag{4-17}$$

其中，当任务 x_i 使用资源 s_j 时，p_{mn} 为 1； x_i 不使用资源 s_j 时，p_{mn} 为 0，m，n 分别为任务数量和资源数量。

对于用户，其 QoS 需求为 $q=\{q_i^1,q_i^2,\cdots,q_i^n\}$，每一维 QoS 由一个效用函数来表示用户选择资源时所获得的效用，任务的完成时间效用 $U_i^{(1)}(q_i)$、费用效用 $U_i^{(2)}(q_i)$ 表示如公式（4-18)、(4-19）所示：

$$U_i^{(1)}(q_i)=\frac{L_{\text{balance}}}{T_{\max}} \tag{4-18}$$

其中，L_{balance} 是负载因子，由 $L_{\text{balance}}=\sum_{i=1}^{m}\sum_{j=1}^{n}t_{ij}\Big/ nT_{\max}$ 求得。

$$U_i^{(2)}(q_i)=\frac{1}{C_{\max}-\sum_{i=1}^{m}\sum_{j=1}^{n}c'} \tag{4-19}$$

其中，C' 为自身的组合权重，$T_{\max}$、$C_{\max}$ 分别为系统任务完成的最长时间及最多费用，t_{ij} 为每个任务完成所需的时间。

为了使解决问题简单化而又不失一般性，考虑用户对于各目标的偏好性，采用线性加权的办法构造优化目标函数，如公式（4-20）所示：

$$G=\lambda_1 U_i^{(1)}(q_i)+\lambda_2 U_i^{(2)}(q_i) \tag{4-20}$$

其中，λ_1 和 λ_2 为加权值，并且有 $\lambda_1+\lambda_2=1$。

4.2.2 基于遗传算法的任务优化求解过程

根据上述确定的任务调度的时间-费用目标函数，利用遗传算法的快速全局搜索能力，完成优化的前期求解过程。在遗传算法的求解中，对任务调度方案形成的解空间编码字符串进行一系列的改进设计：改进编码设计和操作设计，使其进化产生更好的解，为下一步的蚁群算法设计提供优化的全局搜索转化的信息素初始值。

4.2.2.1 改进的遗传算法编码设计

设置编码的假设条件：

（1）资源池中有 n 个资源可供调度，用户有 m 个任务（$m<n$）；

（2）每个资源可以被分配给任何一个用户进行服务；

（3）在一次调度中，每个资源最多可以被分配一次。

编码表如表 4-1 所示。在表 4-1 中，U_{mn}表示资源 n 被用于用户任务 m，例如，有 8 个资源可供分配，分配给 2 个用户任务，随机产生的染色体编码为：{10100000 00010000}，表示资源 1、资源 3 被分配给用户任务 1，资源 4 被分配给用户任务 2 使用。

表 4-1 编码对应表

用户任务 1	用户任务 2	用户任务 3	…	用户任务 m
$U_{11}U_{12}\cdots U_{1n}$	$U_{21}U_{22}\cdots U_{2n}$	$U_{31}U_{32}\cdots U_{3n}$	…	$U_{m1}U_{m2}\cdots U_{mn}$

解码过程：对染色体按照从左到右顺序进行分组，每 8 个二进制位设置为一组，表示一个用户任务，并以 1 作为起始编号，则{10100000 00010000}为用户 1 分得资源 1 和资源 3，用户 2 分得资源 4。

种群初始化：初始种群是迭代进化的搜索空间，由随机生成的染色体组成。考虑到算法的搜索速度和收敛问题，本书采用的是随机产生的初始种群 P_p，在每次迭代过程中，保持种群的大小不变。

适应度函数表明个体或解的优劣性，适应度函数的构造非常重要，针对特征选取问题，适应度函数设置有效性将直接决定遗传算法的搜索方向和进化结果的优劣。

在本书中，由于要求目标函数所求的云资源被分配给用户使用时，产生的效益最大化，则采用如公式（4-21）所示的适应度函数 F：

$$F=\begin{cases} G-G', G>G' \\ 0 \end{cases} \tag{4-21}$$

其中，G 为目标函数，G' 为目标函数下界限的估计值。

4.2.2.2 改进的遗传算法操作设计

（1）选择操作

选择或复制操作是决定哪些个体可以进入下一代。本书中采用轮盘赌选择法选择。选择公式：

$$P_i' = \frac{f_i}{\sum_{k=1}^{P_p} f_k} \tag{4-22}$$

其中，P_i' 为个体 i 被选择的概率，f_i 为种群个体的适应度，P_p 为种群大小。

选择步骤：

① 在第g代，根据公式（4-22）计算 $\sum^{P_p} f_k$ 和 P_i'；

② 产生[0,1]的随机数，求 $s = \text{rand}(\sum^{P_p} f_k)$；

③ 求 $\sum_{k=1}^{P_p} f_k \geqslant s$ 中最小的 k，则第 k 个个体被选中；

④ 进行 I 次第2、3操作，得到 I 个个体，成为第 $g = g + 1$ 代种群。

（2）交叉操作

交叉操作是遗传算法产生新个体的途径，本书利用种群相关度设计交叉概率。

定义4.6 第g代种群的个体i，它的适应度为 f_i^g，则第g代种群的相关度：

$$D_g = \sqrt{\frac{\sum_{i=1}^{P_p}\sum_{j=1}^{P_p}\left(f_i^g - f_j^g\right)^2}{P_p\left(P_p - 1\right)}} \tag{4-23}$$

种群相关度反映了种群个体的相异程度，D_g 值大就说明相异个体比较多，可以适当减小交叉算子，节省搜索时间；反之则增大交叉算子。

据此，第g代种群的交叉算子可表示如公式（4-24）所示：

$$P_c^g = \begin{cases} \mathrm{e}^{\left(1+\frac{1}{D_g+1}\right)} \\ 0.8,\ D_g = 0 \end{cases} \tag{4-24}$$

根据公式（4-24），当 D_g 为 0 时，P_c^g 为传统遗传算法的固定交叉算子值 0.8。随着种群相关度 D_g 增加，交叉算子相应减小，这样避免当种群的相关性、多样性较强时，盲目加大交叉概率而耗费搜索时间，破坏优异的个体。同时，这样做具有提高全局搜索能力、稳定新个体产生的核心作用。

（3）变异操作

遗传算法中的变异运算是产生新个体的辅助方法，决定了遗传算法的局部搜索能力，同时保持种群的多样性。本书变异算子采用概率计算的形式，进行新个体的突变选择。变异选择步骤：

① 复制要操作的染色体；

② 以概率 P_m 选择在染色体中突变的点；

③ 交换突变点的值；

④ 返回给选择的染色体。

初始种群经过以上三种操作，筛选出适应度较高、数量较稳定的个体群，将其作为新的种群，而对应的优化问题的操作就可以通过这个过程搜索到整个空间，在一定程度上求得全局最优解。但是新的个体适应度值不一定全部都比父代要好，因此在筛选过程中，要同时遵循以下新个体与上一代种群个体替换的原则：

① 如果父代个体劣于子代个体，则新种群中使用子代个体；

② 如果父代和子代的个体的适应度值相同，则使用子代的个体，用于增加遗传算法的多样性；

③ 如果子代的适应度值小于父代的个体，则继续使用父代个体。

4.2.3 基于蚁群算法的任务优化求解过程

上述遗传算法进行了全局快速搜索，以此作为蚁群算法的信息素初始值进行问题求解。由于云计算基础层的任务调度优化与节点的处理能力、处理时间、处理过程中的成本费用紧密相关，需要利用两方面的相关度表示蚁群算法的信息素，最终利用蚁群算法求解的高精度优势完成任务的调度优化。因此，在蚁群算法的改进中，充分考虑以上相关性，提出以下定义及求解内容。

定义4.7 最小遗传次数 $G_{\min}$，最大遗传次数 $G_{\max}$，群体最小进化率 r_e，表明群中子代向下一代进化的比率，在给定的迭代数量范围内，如果连续子代群体的进化率都小于 r_e，说明这时遗传算法优化速度较低，终止遗传算法，进入蚁群算法。

定义4.8 定义信息素的初值为 δ_p，如公式（4-25）所示：

$$\delta_p = \delta_c + \delta_g \tag{4-25}$$

其中，δ_c 是一个根据具体求解问题规模给定的信息素常数，δ_g 是遗传算法求解结果转换的信息素值。

遗传算法求解结果向信息素值转换：选取遗传算法终止时种群中适应值最好的前10%个体作为遗传优化解集合。

定义 4.9 确定资源选择概率，在 t 时刻，任务被分配到每个资源上的概率表示为资源的分配度为 p_d，如公式（4-26）所示：

$$p_d = \partial_1 G + \partial_2 \delta_p \tag{4-26}$$

其中，∂_1 表示单位时间资源所能承受的任务数，G为适应度函数F的目标函数，∂_2 为带宽在资源能见度中所占比例。

4.2.4 遗传蚁群融合算法

提出的遗传蚁群融合算法的思想为在遗传算法中利用改进的遗传设计中的编码设计、选择及交叉设计，将搜索解的空间进一步扩大，得到融合算法路径上的信息素分布，再利用改进的蚁群算法对云数据中心的任务调度求得精确解。其中融合转化点为在前期进行遗传算法时，记录迭代中不同子代种群的进化率，在给定的种群迭代进行的范围内，连续多代的进化率都小于给定的最小进化值，则转入蚁群算法，继续执行。

（1）算法执行过程

算法 MGAA算法

步骤1：设置遗传算法中种群规模的大小，交叉算子 P_c^g 以及变异概率 P_m；

步骤2：对用户任务进行编码设置，进行适应度函数定义；

步骤3：对种群中的个体进行解码，为下一步遗传操作做准备；

步骤4：计算种群中个体的适应度值，对种群进行选择操作，选出适应度高的个体进入遗传的其他操作；

步骤5：对选出的父代个体使用交叉算子 P_c^g 进行交叉操作，产生新个体；

步骤6：对新个体利用变异概率 P_m 进行变异操作，得到新的群体；

步骤7：依据筛选原则，选出优秀个体作为最终的新群体；

判断遗传和蚁群算法的融合条件：若此时的遗传代数 G_{current}，$G_{\min} < G_{\text{current}} < G_{\max}$，当前进化率 r_{current} 满足 $r_{\text{current}} > r_{\text{e}}$，则转到步骤4，否则到步骤8；

步骤8：根据遗传算法退出时所得到的当前最优调度方案，将 m 只蚂蚁分别置于相应的计算节点中，并为每个计算节点的信息素分别赋初值；

步骤9：将每个蚂蚁当前所在的计算节点分别放置于各自的解集；

步骤10：对于每个个体 i 中的数据，节点记录所有访问的资源请求；

步骤11：检查每个计算节点上的任务执行情况，并根据具体的任务执行结果，为每个计算节点赋予不同的信息素增量；

① 如果有任务从个体 i 上执行成功并返回，为该节点赋予信息素增量 $\Delta\delta$，其值为节点信息素差值；

② 如果有任务从个体 i 上执行失败并返回，为该节点赋予信息素增量 $\Delta\delta'$；

步骤12：更新所有计算节点的信息素值；

步骤13：检查是否有计算节点加入或退出云数据中心，对于新加入的节点，根据其计算能力为其设置信息素初始值，对于退出的节点，将其信息素值置零；

步骤14：根据各计算节点的信息素分布情况，计算资源分配概率，基于得到的最大分配度为每只蚂蚁分别选取下一个计算节点；

步骤15：当算法达到最大遗传代数 $G_{\max}$，则输出最优调度策略，否则返回步骤8。

（2）算法时间复杂度分析

为了更方便分析算法时间复杂度，设需要调度的任务数为 m，对应的可分配资源节点数为 p，根据遗传算法选择最优的算法原理，经过交叉、变异过程，在此基础上进行蚁群算法，算法的时间复杂度为 $O(pm)\times O(m)\times O(m)= O(pm^3)$。

4.3 实验结果与性能分析

4.3.1 实验环境

本书的调度算法在CloudSim的DatacenterBrokerjava中实现。为了本书中特定的调度，需要扩展CloudSim平台的DatacenterBroker类，并利用重载的方式，bindCloudletToVm（）方法实现特定的调度策略，同时扩展CloudSim中的任务类。

实验环境配置：虚拟机配置CPU500-2000MIPS，硬盘1TB，内存4GB，主机数量80～180个，虚拟机分配策略为DVFS，提出模型的交叉概率取值0.65，变异概率为0.08，λ_1, λ_2的加权分别为0.6、0.4，最小遗传次数$G_{\min}$为30，最大遗传次数$G_{\max}$为50，群体最小进化率r_e为0.13%，∂_1表示单位时间任务数为30，∂_2为带宽在资源能见度中所占有的比例0.5。初始种群可能产生的种群如表4-2所示：

表 4-2　初始种群

用户任务 1	用户任务 2	用户任务 3
00100000	00001000	01000000
01100000	00000010	00100000
…	…	…
00000001	11000000	00100001
00000100	00010000	10000000
01000000	00101000	00000001

4.3.2 实验结果分析

本次实验中，种群的规模设置为 50，初始种群随机产生，迭代次数为 50，将提出的 MGAA 算法和改进的遗传算法 LGA[100]、BIGA[101]算法进行比较，结果如图 4-2 所示。

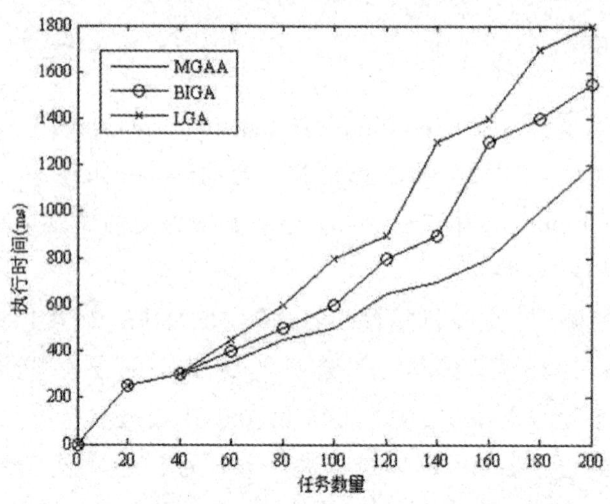

图 4-2 三种算法的任务数量与执行时间对比

根据图 4-2 可以看出，在任务数量较少时，三种算法的执行时间没有差别，但是随着任务数据增加，当任务数量大于 100 时，MGAA 算法的时间成本明显低于其他算法。这是由于 MGAA 算法利用遗传算法进行搜索后，融合了蚁群算法，在判断是否执行蚁群算法时，已经将优化解作为下一步执行的蚁群算法的初始信息素，加速了收敛的速度，加快了算法的执行效率。

三种算法的任务数量与执行费用的对比如图 4-3 所示。

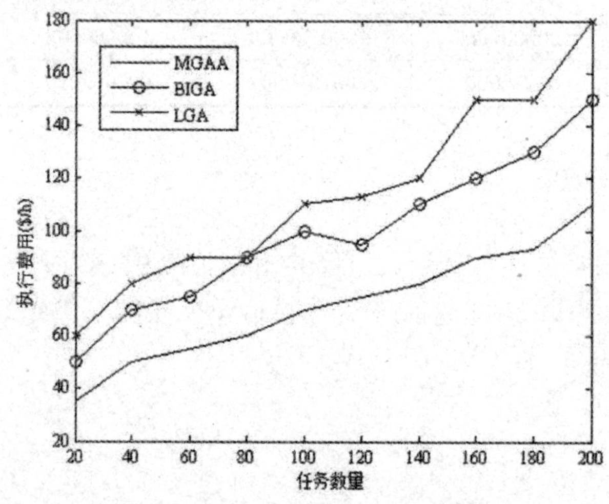

图 4-3 三种算法的任务数量与执行费用对比

由图 4-3 可知，在各个算法运行的早期，任务数量较少，费用差距不大，应用 MGAA 算法执行时，其费用与 BIGA 算法、LGA 算法几乎没有差别。但随着任务数量逐渐增加，任务在数据中心执行所需的费用变化明显，并且应用 BIGA 算法、LGA 算法呈明显增加趋势，偶有波动，但均高于利用 MGAA 算法执行时所需的服务费用，而 MGAA 算法由于其逐步完成任务调度优化，系统中任务执行费用波动较平稳。

此种情况从另一角度表明任务执行时系统的负载变化对任务执行费用的影响。任务数量增多，负载率增加，导致系统性能下降，数据中心中任务占用通信资源时间增加，从而导致费用升高。

三种算法执行时，其中的任务数量的变化和节点负载率的影响如图 4-4 所示。图 4-4 表明，由于 MGAA 算法对交叉算子进行了符合优化设置的更改，使之随着种群中个体的变化而适应性变化，同时，由于结合了蚁群算法，算法的寻优能力增强，对于任务的分配有效性以及任务执行对负载率的影响较低。IGA 算法中考虑了任务在执行时期的优先级，但在处理任务分配时会由于任务优先级的设置不能动态地进行资源的调度。在 BIGA 算法中，通过设置缓冲区域，在一定程度上缓解了任务排队等待给系统带来的负载压力，但在任务进行调度时，由于算法本身的机制仍然会限制执行中的任务获得资源的动态性，没有将需要的资源根据任务的执行情况进行动态调整，导致任务调度不合理，使得各节点负载不均衡。

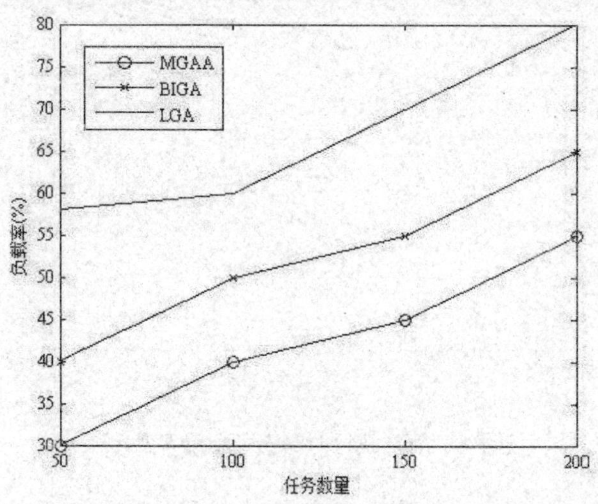

图 4-4　三种算法的任务数量与节点负载率对比

图 4-5～图 4-7 给出了三种算法运行时 CPU、内存以及磁盘利用率的对比情况。

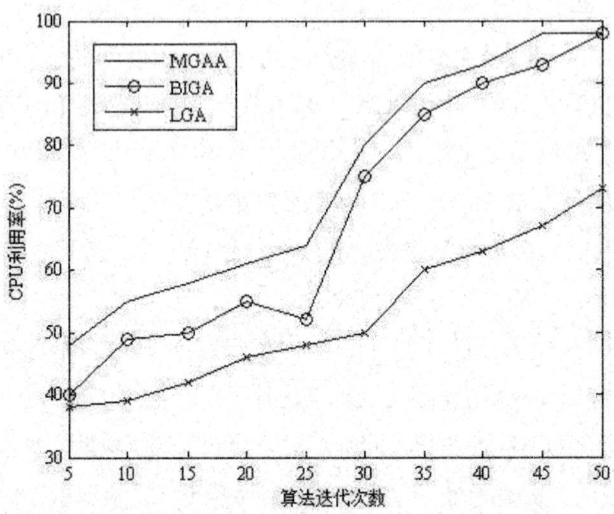

图 4-5 算法执行时的 CPU 利用率变化

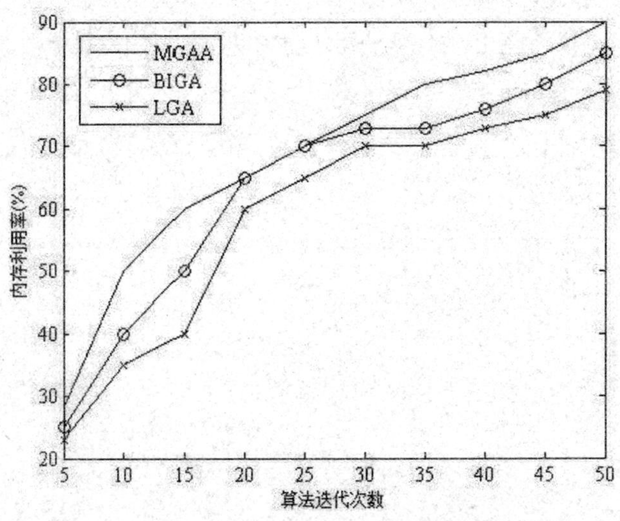

图 4-6 算法执行时的内存利用率变化

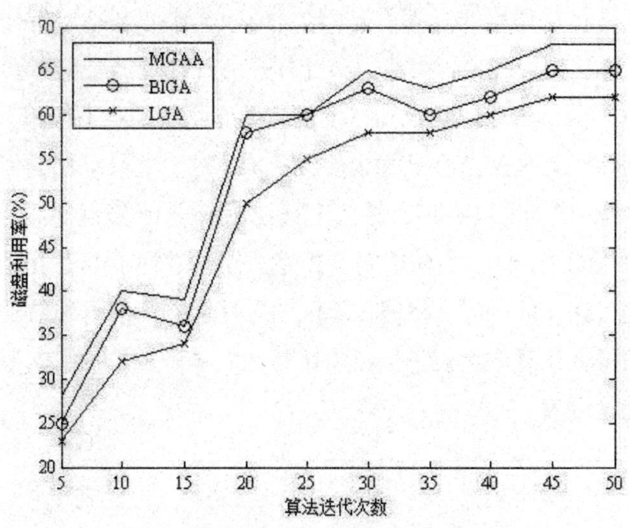

图 4-7　算法执行时的磁盘利用率变化

根据图 4-5、图 4-6、图 4-7 给出的对应的云数据中心基础层应用 MGAA 算法、BIGA 算法、LGA 算法执行时，系统的主要资源利用率可看出，由于 BIGA 算法、LGA 算法的寻优过程较复杂，都是在特定情况下对于系统中执行任务的属性及系统性能的寻优，在一定范围内，也有局部最优解出现，但整体上，对于任务的调度不能完全达到最优方案，仍存在任务在云数据中心基础层不能合理分配的情况。任务是否优化调度与云数据中心基础层的资源能否合理分配、资源的利用率的变化具有直接的关系，未进行完全优化的任务调度算法直接影响了云数据中心基础层的资源分配及调度，进而通过云数据中心的 CPU、内存及磁盘利用率的变化反映出来。而 MGAA 算法经过遗传算法与蚁群算法的融合，利用遗传算法自身的寻优特点，完成了为进一步寻优的前提准备，以遗传算法的最优结果作为之后蚁群算法的寻优数据源的初始值，尽最大可能达到最优的任务调度，从而使得云数据中心基础层的资源利用率提高，并保持在相对平稳水平。

4.4 本章小结

本章分析了数据中心基础层任务优化调度面临的问题，以满足单个数据中心的基础层任务优化调度要求为前提，结合云数据中心基础层的任务调度的不稳定性，基于马尔可夫理论，构建了云计算任务优化调度中的时间-费用模型，提出状态平衡方程、稳态性能指标以及任务调度系统的稳态概率分布。

从任务调度优化求解角度考虑，应用遗传算法、蚁群算法的优化思想，提出了云数据中心基础层任务调度优化算法——基于遗传蚁群的融合算法MGAA。针对MGAA算法中前期的遗传算法操作进行了改进设计，在利用遗传算法进行迭代优化的同时，将遗传算法的寻优解作为蚁群算法的初始值，结合两种算法求得优化解的优点，保证优化问题的精确求解，完成云数据中心基础层的任务优化调度。

第 5 章　单数据中心应用层任务优化调度策略

与第 4 章针对云数据中心基础层进行任务优化调度不同，本章主要针对云数据中心应用层优化调度问题进行求解。在数据中心应用层，既要考虑提供云服务的服务提供商的利益，更需要考虑用户的利益：考虑云服务提供商对于运营成本降低的要求，用户任务对于执行过程中资源分配、运行时间的要求。针对以上两方面对于调度策略的约束，提出基于纳什均衡的任务优化调度策略和基于任务完成时间自适应的任务优化调度策略，在保证该层服务提供商的利益的同时，进行数据中心资源的合理分配，高效执行应用层用户任务。

5.1 单数据中心应用层任务优化调度问题的提出

在任务的优化调度过程中，资源的分配与之紧密结合。数据中心应用层在解决任务资源调度问题的过程中，主要考虑两个优化目标，即资源分配的有效性和公平性。资源分配的有效性保证云服务提供商在满足用户约束的前提下，在资源分配时，提高资源利用率，减少资源消耗；资源分配的公平性要求保证云数据中心中各个用户之间资源数量的分配原则相对公平，主要体现在以下两个方面：

（1）任务调度时考虑云服务提供商的需求。对于云服务提供商，在满足云用户的服务质量要求的基础上，在任务调度时，尽量减少云数据中心的资源碎片，保证各个物理机上不同维度的资源负载均衡，从而提高数据中心资源利用率，降低服务提供商为用户任务提供资源时所消耗的运行成本，以达到二者在服务与被服务时的利益平衡。

（2）任务调度时考虑云用户的需求。在任务调度时，采用的分配策略要保证每个用户任务被分配到的资源数量具有公平性，高资源需求量的任务不能抢占低资源需求量的任务资源，而资源分配又和运行任务时间有着密切的联系，足够的资源是保证任务按要求完成的前提，即用户敏感型的参数。

考虑以往研究对于云数据中心中资源分配的有效性、公平性，服务提供商以及用户需求的敏感性研究不足问题，针对用户任务执行中资源分配与任务执行时间的制约关系，以及用户任务是否能优化调度对资源利用率的影响，引入纳什均衡理论和任务执行时间感知参数，提出数据中心应用层任务优化的调度策略，平衡了用户和服务提供商对于资源的需求，降低了任务执行的时间，提高了资源利用率。

5.2 面向服务提供商的任务优化调度策略

云计算本身具有效用计算的特点，其资源的分配、服务和被服务的供需关系均具有市场特性。云计算系统中除了满足用户任务的调度需求之外，更好的调度策略应该充分考虑用户和服务提供者双方的利益，实现云市场的均衡交易，保证服务提供商的利益和对用户的任务完成时间的要求的满足。因此，可以通过纳什均衡理论实现用户任务的优化调度、云数据中心资源的优化分配。

面向服务提供商的任务优化调度策略从资源的效用出发，并不单方面考虑服务提供商的利益，而是首先考虑任务的动态性，建立任务的排队模型，同时建立在保证资源的最小需要的前提下，资源如何最大化利用的纳什优化目标，进而基于优化解进行任务优化调度和资源的分配，利用梯度投影建立求解算法，提高云计算数据中心的资源利用率。

在云数据中心，面对资源分配，N 个虚拟机可以看作竞争其共同服务器资源的竞争者，每个虚拟机的初始资源利用率是 v_i^0，则初始资源利用率的集合为 $(v_1^0, v_2^0, \ldots, v_N^0)$。

设 Y 为虚拟机可分配的资源向量空间，L^N 是所有分配策略的集合，$Y \subset L^N$。资源分配集合 $R = \{x | x \in L', x_i \geqslant v_i^0, \forall i\}$，其中 $L' \in L^N$。虚拟机能达到相对于初始资源量更高的资源集合为 $H = \{(x, j) | x \in R, x_j > v_j^0\}$，则

(R,v^0) 为一个纳什谈判问题。

定义 5.1 设 $(R,v^0)\to L^N$ 表示如果满足 $(R,v^0)\in L^N$，则为纳什谈判解，其优化问题：

$$\max\prod_{j\in H}(x_j-v_j^0),\quad x\in L' \tag{5-1}$$

5.2.1 基于纳什均衡的任务优化调度求解

5.2.1.1 任务分配的排队模型建立

由于云数据中心中任务的到达具有随机性，所以设定云服务任务的执行时间为独立序列，服从参数为 σ 的指数分布。云数据中心在提供服务时采用排队论中的单服务台系统，假设系统单位时间处理的任务数为 ε，其中，$0\leqslant\varepsilon\leqslant 1$。同时，考虑系统在提供服务时的服务强度，设置了缓冲队列，长度为 l。各符号参数含义如表 5-1 所示。

表 5-1 符号表示及其意义

符号	含义
η	任务的到达率
ε	系统单位时间处理的任务数
$W(t)$	资源用于任务执行的响应时间
$W_a(t)$	任务等待执行的时间

系统中保持虚拟机数量不变，缓冲队列中的任务等待系统的资源提供。设任务的到达率为 η，则系统中任务的服务强度可定义为 $\rho=\dfrac{\varepsilon}{\eta}$。

（1）响应时间

响应时间是任务等待服务和接受服务的时间和。等待时间的计算规则：当一个任务到达系统时，如果系统中有任务处于调度状态，而缓冲队列处于空闲状态，则此时任务进入缓冲队列等待。系统中队列长度为 k 时的概率 π_k 定义为公式（5-2）：

$$\pi_k = \lim_{t \to T'} P\{W_a(t) = k\} \tag{5-2}$$

其中，T' 表示任务在缓冲队列中的最长等待时间。

加入缓冲队列设置之后，设系统服务队长、等待队长分别为 n、l。在新的队列模型 $M/M/N/N+l$ 中，系统各个状态的转移概率：

$$\pi_k = \begin{cases} \dfrac{(n\rho)^k}{k!}\pi_0,\ 0 \leqslant k < n \\ \dfrac{n^n \rho^k}{n!}\pi_0,\ n \leqslant k \leqslant n+l \end{cases} \tag{5-3}$$

当 $\sum_{k=1}^{n+l} \pi_k = 1$，$\pi_0$ 表示为：

$$\pi_0 = \left(\sum_{k=0}^{n-1} \frac{(n\rho)^k}{k!} + \frac{(n\rho)^n \left(1-\rho^{l+1}\right)}{n!(1-\rho)}\right)^{-1},\ \rho < 1 \tag{5-4}$$

其中，π_0 表示系统中没有任务需要调度，虚拟机处于空闲状态。

设定当一个任务到达时，系统中等待服务的任务数为 i，q_i 表示当系统中等待任务为 i 时的稳态概率，表示如公式（5-5）所示：

$$q_i = \frac{P\{N(t)=i\}P\{l \neq 0\}}{P\{l \neq 0\}} = \frac{\pi_i}{1-\pi_{n+l}},\ i = 0,\ 1,\ \cdots,\ n+l-1 \tag{5-5}$$

当系统的缓冲队列空闲，系统为任务提供服务，此时的概率分布：

$$P(W_a(t)) = q_0 + q_1 + q_2 + \cdots + q_{n-1} = \sum_{i=1}^{n-1} \frac{\pi_i}{1-\pi_{n+l}} \tag{5-6}$$

当一个任务到达缓冲队列，队列中已经有任务在等待时，新到达的任务必须等待队列中前一个任务接受服务后才能开始接受服务。

其中，每个虚拟机中的任务流的概率分布服从参数为 l 的负指数分布。当系统中虚拟机的数量为 N 时，系统中的任务流的概率分布服从参数为 Nl 的负指数分布。在这种情况下，$W_a(t)$ 拉格朗日分布表示为公式（5-7）。

$$
\begin{aligned}
P(W_a(t)) &= P(W_a(0)) + \sum_{i=n}^{n+l-1} P\{0 < W_a \leqslant t\} \\
&= P(W_a(0)) + \sum_{i=n}^{n+l-1} q_i \int_0^t \frac{N\ell(N\ell x)^{i-n}}{(i-n)!} \mathrm{e}^{-N\ell x} \mathrm{d}x \\
&= \sum_{i=1}^{n-1} \frac{\pi_i}{1-\pi_{n+l}} + \sum_{i=n}^{n+l-1} q_i \int_0^t \frac{N\ell(N\ell x)^{i-n}}{(i-n)!} \mathrm{e}^{-N\ell x} \mathrm{d}x
\end{aligned}
\tag{5-7}
$$

此时，响应时间的表示如公式（5-8）所示：

$$
\begin{aligned}
P\{W \leqslant t\} &= \int_0^t P\{W_a \leqslant t - x\} l \mathrm{e}^{-\ell t} \mathrm{d}x \\
&= \int_0^t W_a(t) l \mathrm{e}^{-\ell t} \mathrm{d}x
\end{aligned}
\tag{5-8}
$$

由公式（5-8）分析可知，$W_a(0)=0$ 时，表示该虚拟机的资源足以提供任务完成的资源需求。当 $W_a(0)=1$ 时，表示需要调度服务器的资源完成任务。

当 $W_a(0)=1$，用户 i 选择向服务器发送资源请求，只有当等待时间尽可能短时，才具有最优的分配策略。

缓冲队列的平均队列长度表示为公式（5-9）：

$$
\overline{N_a} = \sum_{k=n}^{n+l} (k-n)\pi_k = \frac{n^n \rho^{n+1} \pi_0}{n!(1-\rho)^2} \left(1-(l+1)\rho^{1} + l\rho^{1+1}\right),\ \rho < 1 \tag{5-9}
$$

则任务调度的平均队列长度表示为公式（5-10）所示：

$$
\begin{aligned}
\overline{N} &= \overline{N_a} + \overline{N_s} = \overline{N_a} + \rho(1-\pi_{n+l}) \\
&= \frac{n^n \rho^{n+1} \pi_0}{n!(1-\rho)^2} \left(1-(l+1)\rho^{1} + l\rho^{l+1}\right) + n\rho\left(1 - \frac{n^n \rho^{n+l} \pi_0}{n!}\right) \\
&= \frac{n^n \rho^{n+1} \pi_0 \left(1-(l+1)\rho^{1} + l\rho^{l+1}\right)}{n!(1-\rho)^2} + n\rho\left(1 - \frac{n^n \rho^{n+l} \pi_0}{n!}\right)
\end{aligned}
\tag{5-10}
$$

其中，$\overline{N_s}$ 为正在执行的任务队列的平均长度。

（2）模型参数的函数表示

当系统中虚拟机的资源配置完成，虚拟机管理端对资源进行调度，此时系统的收益函数 $F(c,h')$ 表示如公式（5-11）：

$$F(c,h')=\bar{N}E+\frac{W}{W-W_a}+E \tag{5-11}$$

其中，符号“+”重新定义为连接，而舍去本意“相加”。c 表示资源价格，h' 表示任务正在请求的虚拟机数，E 表示云数据中心中任务接受服务时的能量消耗。

在云数据中心应用层的任务优化调度中，兼顾服务提供商和用户的利益，根据公式（5-11），利用 F_c 表示价格 c 的函数，通过最大限度地提高服务提供商及用户的收益来保证整个系统的调度最优策略的执行。F_c 表示如公式（5-12）：

$$F_c=\arg\max F(c,\ h') \tag{5-12}$$

对于用户任务的请求，需求函数 $F_d(c)$ 表示如公式（5-13）：

$$F_d(c)=\sum_{k=0}^{\gamma}h'_{d,k}\chi_{\Xi_{d,k}}(c)=\begin{cases}\sum\limits_{k=0}^{\gamma}h'_{d,k},\ c\in\Xi_{d,k}\\ 0,\ \text{其他}\end{cases} \tag{5-13}$$

其中，γ 表示总的迭代数，$h'_{d,k}$ 表示系统在状态 k 时所需要的虚拟机的数量，Ξ 表示系统在状态 k 时的价格范围，$\Xi_{d,k}=(\varPhi_{d,k-1},\varPhi_{d,k}]$，$d$ 是用户数量，$\varPhi_{d,k}$ 是用户数为 d 时的价格数。

设 D 是系统总用户数量，$\Xi_{d,0}=0$，$\Xi_{d,1}=(0,\ \varPhi_{d,1}]$，则 h' 表示为公式（5-14）：

$$\begin{gathered}h'=\sum_{d=1}^{D}F_{(c,h')}(\varPhi_i)\\ \text{s.t.}\ \ \varPhi_i=\arg\min_{\varPhi_{i,k'}\in\Xi_{d,k}}\varPhi_{i,k'}\end{gathered} \tag{5-14}$$

因此，总的服务需求 $F(c)$：

$$F(c)=\sum_{k=0}^{\gamma}h'_k\chi_{\Xi_k}(c)[F(c,h')-\bar{N}E+\frac{W}{W-W_a}] \tag{5-15}$$

$$\text{s.t.}\ \ \chi_{\Xi_k}(c)=\begin{cases}1,\ c\in\Xi_{d,k};\\ 0,\text{其他}\end{cases} \tag{5-16}$$

总的服务价格函数：

$$F^{-1}(c')=\sum_{k=0}^{\gamma}\varPhi_{\gamma-1}\chi_{\Xi_k}(c')[F(c,h')-E] \tag{5-17}$$

其中，$\Phi_0=0$，$\Xi_k=(\Phi_{k-1},\ \Phi_k]$，$\Xi_\gamma=(\Phi_{\gamma-1},\ \infty]$，$\chi_\Xi(c')$ 表示为:

$$\chi_\Xi(c')=\begin{cases}1,\ c'\in\Xi_\gamma; \\ 0,\ 其他\end{cases} \tag{5-18}$$

5.2.1.2 资源分配的纳什均衡分析

假设服务器数量为 M，虚拟机数量为 N，虚拟机集表示为 $V=\{V_1,V_2,\cdots,V_N\}$，利用二元组 $\left(C_M,V_N\right)$ 表示服务器的资源分配情况，其中，C_M 表示该服务器总的资源量。

虚拟机所需资源通过服务器进行分配，(V_i,V_j) 为一对可以相互进行资源调度的虚拟机对。资源在服务器上的分配表示为矩阵 $\boldsymbol{R}_N(t)=[R_{i,j}(t)]_{N\times N}$，$R_{i,j}\left(t\right)$ 表示在时间 t 同一个服务器上的虚拟机 (V_i,V_j) 的资源需求情况；$\boldsymbol{R}'_N(t)=[R'_{i,j}(t)]_{N\times N}$ 为资源实际分配矩阵，用来描述根据用户任务的实际需求进行资源分配的策略；$R'_{i,j}(t)$ 表示在时间 t 虚拟机 (V_i,V_j) 的实际资源分配，用户提交的任务总数为 A，每个子任务的对应的资源向量表示为 $\boldsymbol{c}_a=(c_{a1},c_{a2},c_{ai},\cdots,c_{aA})$，则每个虚拟机所需的最小资源表示为 $C_{\text{basic}}=\sum_{i=1}^{A}c_{ai}$。

虚拟机 V_i 的五元组表示为 $V_i:\left(\beta_i^I(t),\beta_i^O(t),C_i^I(t),C_i^O(t),W(t)\right)$，其中，$\beta_i^I(t),\beta_i^O(t)$ 表示虚拟机 V_i 的需求资源率或提供资源率，$C_i^I(t),C_i^O(t)$ 表示 V_i 接受和输出基本资源量。

在考虑了系统响应时间 $W(t)$ 的分配策略前提下，以基本资源需求量 C_{basic} 作为选择特定分配策略的衡量值进行分配，分配原则：如果一个虚拟机的资源需求低于基本资源需求量 C_{basic}，则分配其需要的足够的资源给该虚拟机；否则，为服务器中的每对相互通信的虚拟机设置一个上界值。当一对虚拟机中，一个虚拟机的资源需求大于基本资源需求量时，先考虑使用另一个虚拟机的剩余资源，然后再向服务器提出请求，分配新的虚拟机资源，使用该服务器其他虚拟机剩余资源。这样既能保证虚拟机之间的资源分配满足最基本要求，又不失用户需求与服务提供商利益之间的公平性。

5.2.1.3 基于纳什均衡的优化问题

针对虚拟机 V_i 的五元组中给出的虚拟机资源需求，要求每个服务器的虚拟机资源之和不超过其服务器的总资源量，并且为了保证每个虚拟机的最小需求量，设定优化量$R_{i,j}$，总的资源需求$C_{i,j}$。对于$C_{i,j}$，则表示为公式（5-19）：

$$C_{i,j}=\min\{F^{-1}(c')C_i^O\frac{C_j^I}{\sum_{k=1}^{N}C_k^I},F^{-1}(c')C_j^I\frac{C_i^O}{\sum_{k=1}^{N}C_k^O}\} \tag{5-19}$$

$C_{i,j}$由资源需求中较小的值决定，以防止总的资源需求量超过实际资源所有量而导致破坏资源最小量分配保证，则资源分配的优化问题B_R满足：

$$\begin{aligned}&\max_R\sum_{i-1}^{N}\sum_{j=1}^{N}\ln(R_{i,j}-C_{\text{basic}i,j})\\ &\text{s.t.}\quad R_{i,j}\leqslant C'_{i,j},\\ &\qquad\ \ R_{i,j}\geqslant C_{\text{basic}i,j},\\ &\qquad\ \ \sum_{V_i\in S}R_i^I\leqslant C_j,\\ &\qquad\ \ \sum_{V_i\in S}R_i^O\leqslant C_j\end{aligned} \tag{5-20}$$

其中，$\forall i,j\in\{1,2,\cdots,N\}$、$R_i^I=\sum_{i=1}^{N}R_{i,j}$、$R_i^O=\sum_{j=1}^{N}R_{j,i}$是虚拟机$V_i$输出的资源率或需求资源率，$C'_{i,j}$是从虚拟机$V_i$到虚拟机$V_j$的边界资源量。

5.2.1.4 纳什均衡优化问题求解

根据5.2.3节优化问题，设$V_{k,i}\in[0,1]$，当数值为1时，表示虚拟机V_i属于服务器S_j，否则，该虚拟机不属于此服务器，则$R^I=(R_1^I,R_2^I,\cdots,R_N^I)$，$R^O=(R_1^O,R_2^O,\cdots,R_N^O)$，表示对于优化问题的限制为线性的，满足存在优化解。

定理5.1 存在拉格朗日乘数$r_m^I\geqslant0$，$r_m^O\geqslant0$，其中，$m\in\{1,2,\cdots,M\}$，对应公式（5-21）：

$$\forall i,j \in \{1,2,\cdots,N\}, \forall k \in \{1,2,\cdots,M\}$$

$$R'_{i,j} = C_{\text{basic}i,j} + \frac{1}{\sum_{k=1}^{M} r_k^I V_{k,i} + \sum_{k=1}^{M} r_k^O V_{k,i}} \tag{5-21}$$

$$\text{s.t. } r_k^O[(VR^I)_j - C_j] = 0,$$

$$r_k^I[(VR^O)_j - C_j] = 0$$

则 $R'_{i,j}$ 为优化问题 B_R 的纳什谈判解。

证明

假设资源分配空间非空，令 $F(R) = \sum_{j=1}^{N}\sum_{i=1}^{N}\ln(R_{i,j} - C_{i,j})$，$\lambda_{i,j} \geqslant 0$，$\lambda'_{i,j} \geqslant 0$，$\forall i,j \in \{1,2,\cdots,N\}$；$\lambda_{i,j}$、$\lambda'_{i,j}$ 为拉格朗日参数，则根据公式（5-20）和公式（5-21）有：

$$G(R,\lambda,\lambda',r^I,r^O) = F(R) - \sum_{i=1}^{N}\sum_{j=1}^{N}\lambda_{i,j}(I_{i,j} - R_{i,j}) -$$

$$\sum_{i=1}^{N}\sum_{j=1}^{N}\lambda'_{i,j}(R_{i,j} - C'_{i,j}) - \sum_{m=1}^{M} r_m^I[(VR^I)_m - C_m] - \sum_{m=1}^{M} r_m^O[(VR^O)_m - C_m]$$

同时，优化的充分必要条件：

$$\nabla G(R'_{i,j},\lambda,\lambda',r^I,r^O) = 0$$

$$\Leftrightarrow \frac{1}{R'_{i,j} - I_{i,j}} + \lambda_{i,j} - \lambda'_{i,j} - \sum_{k=1}^{M} r_m^I V_{k,i} + \sum_{k=1}^{M} r_m^O V_{k,j}$$

$$\text{且}\begin{cases} \lambda_{i,j}(I_{i,j} - R'_{i,j}) = 0, \\ \lambda'_{i,j}(R'_{i,j} - C'_{i,j}) = 0, \\ r_m^I[(Vr_m^I)_j - C_j] = 0, \\ r_m^O[(Vr_m^O)_j - C_j] = 0 \end{cases}$$

则 $R' = (R'_{1,1}, R'_{2,2}, \cdots, R'_{i,j}, \cdots, R'_{N,N})$ 是资源分配的优化解。当 $R'_{i,j} = I_{i,j}$，$R'_{i,j} = C'_{i,j}$ 时，分别代表 $R_{i,j}$ 到达边界值的特殊情况，$I_{i,j}$ 是 $R_{i,j}$ 的边界值。当两个拉格朗日参数 $\lambda_{i,j} = 0$ 且 $\lambda'_{i,j} = 0$ 时，可由优化的充分必要条件得到 $R_{i,j}$ 的解。

证毕。

由定理5.1可知，原始优化问题 B_R 是一个凸函数，随着服务器的规模和该服务器虚拟机数量的增长表现为更为复杂的计算，每个优化量 $R_{i,j}$ 都可以通过虚拟机 (V_i,V_j) 所属服务器的优化因子求解，因此，最佳优化目标是获取每个服务器的拉格朗日乘数，而该乘数可以转化为通过求解以分布式方式相互进行通信的虚拟机对的优化率得到。

5.2.2 基于优化解的任务分配算法

目前的云计算数据中心普遍没有充分考虑用户和服务提供商双方的利益，或者考虑不均衡，导致了服务质量水平不高，用户任务得不到优化执行，也制约了服务提供商的利益扩大，所以根据5.2.1建立的面向服务提供商的任务优化调度问题，将优化问题 B_R 转换为具有相同最优解的优化问题，应用约束条件，进行分配策略的调度优化。

$$\begin{aligned}\min_R\ B_R &= -\sum_{j=1}^{N}\sum_{i=1}^{N}\ln(R_{i,j}-C_{\mathrm{basic}i,j})\\ \text{s.t.}\quad & R_{i,j}\leqslant C'_{i,j},\\ & R_{i,j}\geqslant C_{\mathrm{basic}i,j},\\ & \sum_{V_i\in S}R_i^I\leqslant C_j,\\ & \sum_{V_i\in S}R_i^O\leqslant C_j\end{aligned}\tag{5-22}$$

对于一般情况 $C_{\mathrm{basic}i,j}<R_{i,j}<C'_{i,j}$：

则有：

$$G'(R,r^I,r^O)=-\sum_{j=1}^{N}\sum_{i=1}^{N}\ln(R_{i,j}-C_{\mathrm{basic}i,j})+\sum_{m=1}^{M}r_m^I[(VR^I)_m-C_m]+\sum_{m=1}^{M}r_m^O[(VR^O)_m-C_m]$$ 。

$G'(R,r^I,r^O)$ 的拉格朗日分解函数为 $D(r^I,r^O)$ ，$G'(R,r^I,r^O)$ 的极值为 $G'(R,r^I,r^O)$，并且 $D(r^I,r^O)\leqslant G''(R,r^I,r^O)$，仅当根据定理5.1，$R'_{i,j}=0$，即 $R'_{i,j}=C_{\mathrm{basic}i,j}\dfrac{1}{\sum_{k=1}^{M}r_m^I V_{k,i}+\sum_{k=1}^{M}r_m^O V_{k,j}}$ 时，$G'(R,r^I,r^O)$ 的极值存在，同时，存在 R 满足所有的约束函数的交集解，并且 r^I,r^O 满足 $D(r^I,r^O)=G''(R,r^I,r^O)$。

基于以上求解优化问题，应用投影方法求解优化问题的解。

定义5.2 定义递归过程：

$$r_m^{(i+1)} = \max(0, r_m^{(i)} + \alpha \frac{\partial D}{\partial r_m}), \forall m \in \{1,2,\cdots,M\} \tag{5-23}$$

其中，α 为递归因子，且 $\alpha = \Delta/2$，Δ 是拉格朗日约束，$\Delta = \sqrt{M}\sum_{j=1}^{N}\sum_{i=1}^{N}(C'_{i,j} - C_{\text{basic}i,j})^2$。

定义5. 3 对于递归过程 $\{r^{I(i)}\}$，如果 $\{r^{I(i)}\}$ 收敛，则有：

$$\lim_{i\to\infty} r^{I(i)} = r^{I'} \in \overline{B_R}' \tag{5-24}$$

此时，r^O 表示为常量，同理可得到 $r^{O'} \in \overline{B_R}'$，$\overline{B_R}'$ 表示优化问题 B_R 的对偶问题解集。

根据以上定义，可得 $\lim_{i\to\infty} R\left(r^{I(i)}, r^{O(i)}\right) = R' \in \overline{B_R}$，$\overline{B_R}$ 表示优化问题 B_R 的解集。

考虑资源分配的公平性，保证最小资源需求，根据以上对于优化问题的求解，基于优化解的任务调度算法MRA（Modified Resource Algorithm），具体描述：

步骤 1：初始化递归步长 $\Delta' \in (0, \Delta/2]$、服务器总的资源量 C_j、资源的分配要求矩阵 $[R_{i,j}]_{N\times N}$、虚拟机的基本资源需求量 $C_{\text{basic}i,j}$ 以及资源优化量 $R_{i,j}$；

步骤 2：判断算法执行条件：Δ' 是否小于 $\Delta/2$；

步骤 3：更新虚拟机总输出资源率 $R_{V\in S_M}^O = \sum_i R_i^O V_{k,i}$ 和需求资源率 $R_{V\in S_M}^I = \sum R_i^I V_{k,i}$；

步骤 4：更新拉格朗日乘数，$r_m^O = \max(0, r_m^O - \alpha(C_m - R_{V\in S}^O))$、$r_m^I = \max(0, r_m^I - \alpha(C_m - R_{V\in S}^I))$；

步骤 5：进行优化调度条件判断：如果 $\frac{1}{r^I + r^O} \leqslant C'_{i,j} - C_{\text{basic}i,j}$，则转到步骤 6，否则转到步骤 7，继续执行；

步骤 6：$R_{i,j} = C'_{i,j}$；

步骤 7：$R_{i,j} = I_{i,j} + \frac{1}{r^I + r^O}$；

步骤 8：步长递增，直到符合步长最大值，结束算法。

5.3 面向用户的任务优化调度策略

云资源的共享特点使得用户可以按需购买资源，若服务提供商提供的服务不能让用户满意，用户则选择其他服务，这也促使服务提供商提高自身的服务能力。但服务提供商的利益是其提供服务的出发点，为了使用户和服务提供商的利益有良好的折中，在提高云系统资源利用率时，在应用层将用户对于任务执行速度的需求，分解为如何减少任务等待及执行延迟，即如何满足和平衡不同类型应用任务的完成时间，则需要考虑不同应用的任务优先级和给定的完成时间，以便及时对任务进行处理。

在云数据中心，为解决由于任务的种类多样性和复杂性带来的不同应用对于资源的需求和不同应用任务的优先级别设置问题，本节提出了一种自适应的具有任务完成时间感知的任务调度模型，应用该模型作为调度模型的目标是根据任务的优先级，感知任务的完成时间，进行合理的资源分配，以提高任务的执行效率，充分提高用户的满意程度。同时，考虑在云计算应用的市场需求中对于执行效率的要求，利用纳什均衡理论，求解具有任务的优先级和完成时间响应的纳什谈判解，设计了应用梯度投影方法求得优化解的调度算法 GP 算法，对云数据中心应用层中的用户任务进行优化调度，达到提高任务执行效率的用户要求。

5.3.1 任务完成时间感知的调度模型

云计算资源序列用 $\{R_1,R_2,\cdots,R_j,\cdots R_m\}$ 表示，任务类别表示为 i，数量表示为 n。对于每个任务 i，其资源需求量为 D_i，优先级为 P_i，效用函数为 U_i，纳什谈判的目标是最大化所有任务总的效用，并保证根据任务的不同优先级使其在最晚完成时间内执行完毕。同时，如果资源因为某种原因未能成功分配给指定任务，系统迅速寻找新的虚拟机并尽最大可能满足任务对于资源的需求。纳什均衡表示为公式（5-25）：

$$\max\prod_i\left[U_i\left(c_i\right)\right]^{P_i} \qquad (5\text{-}25)$$

其中，c_i 表示任务 i 所获得的资源。

纳什谈判为公式（5-25）提供了唯一的最优解，并且具有有效性，即利用所有可利用的资源。纳什谈判尽可能保证非递减的趋势，但增加任何一个 c_i 难免会减少其他任务的资源分配，为了实现资源分配的公平性，公式（5-25）转变为公式（5-26）：

$$\max\sum_{i=1}^{n}P_i\ln\left(U_i\left(c_i\right)\right) \tag{5-26}$$

根据用户对于任务最晚完成时间的不同要求，将最晚完成时间分为三类：

Ⅰ类最晚完成时间：必须为任务分配足够的资源，以保证任务必须在用户规定的时间内完成。

Ⅱ类最晚完成时间：允许任务的完成时间超过用户规定的最晚完成时间，分配资源后，此时的效用值相应降低。

Ⅲ类最晚完成时间：用户没有强制规定任务的完成时间，该任务的执行不必满足任何期限，资源在何时分配均有效。

以上三类任务最晚完成时间分类的表示为公式（5-27）～公式（5-29）：

Ⅰ类最晚完成时间：设 $c_i\left(t\right)$ 为在单位时隙 t 内被分配到任务 i 的资源。在Ⅰ类最晚完成时间情况下，任务的效用由总的资源所唯一确定，该资源为任务从提交到执行到最晚完成时间整个过程中所得的资源总量。

$$c_i=\frac{1}{D_i}\int_0^{t_i'}c_i\left(t\right)\mathrm{d}t\geqslant 1 \tag{5-27}$$

其中，c_i 由完成任务 i 需要的总资源量 D_i 进行归一化表示，t_i' 是完成的时间限制。对于具有Ⅰ类最晚完成时间的任务，由于每个任务必须至少获得的总资源量为 D_i，则 $c_i\geqslant 1$。

Ⅱ类最晚完成时间：

$$c_i=\frac{1}{D_i}\int_0^{t_i'}c_i\left(t\right)\mathrm{d}t+\frac{1}{D_i}\int_{t_i'}^{t_i^{opt}}c_i\left(t\right)T_i\left(t\right)\mathrm{d}t \tag{5-28}$$

$$T_i\left(t\right)=\begin{cases}1, & t\leqslant t_i';\\ \mathrm{e}^{-\phi\left(t-t_i'\right)}, & t>t_i'\end{cases} \tag{5-29}$$

其中，ϕ 为基于应用类型和客户期望的衰减系数。$T_i\left(t\right)$ 是时间权重函数，虽然在Ⅱ类最晚完成时间中，允许任务的完成时间超过用户规定的最晚完成时间，但这样做会造成效用降低，因此设定时间权重函数，当在用户给定的最晚完成时间内任务已经执行完毕，此种情况同Ⅰ类最晚完成时间表示一致；当超过用户给定的最晚完成时间后，时间权重函数呈指数形式降低。

Ⅲ类最晚完成时间：

$$c_i = \frac{1}{D_i}\int_0^{t_i^{opt}} c_i(t)\mathrm{d}t \tag{5-30}$$

其中，t_i^{opt} 代表纳什均衡的时间范围。

同Ⅱ类最晚完成时间一样，在Ⅲ类最晚完成时间的情况下，没有对于资源分配的最小量要求。当 $\phi=0$ 时，Ⅱ类最晚完成时间转化为Ⅲ类最晚完成时间，当 $\phi=+\infty$，Ⅱ类最晚完成时间转化为Ⅰ类最晚完成时间。

结合上述分类情况，得出公式（5-31）自适应纳什均衡优化问题 B_R：

$$\begin{aligned} &\max \sum_{i=1}^{n} P_i \ln\left(U_i\left(c_i\right)\right) \\ &\text{s.t.} \quad \sum_{i=1}^{n} c_i\left(t\right) \leqslant R \quad \forall t \end{aligned} \tag{5-31}$$

B_R 是经典纳什均衡优化问题的扩展，其考虑了资源配置的公平性，当 U_i 满足一定条件，如线性或对数函数，易证 B_R 是凸问题，具有最优解。

5.3.2 基于任务完成时间的自适应算法

根据5.3.1建立的任务完成时间感知的调度模型，得到自适应的纳什均衡优化问题，其约束是资源依据任务的优先级及任务完成时间的公平性分配，以此基于梯度投影的方法，给出任务完成时间模型的调度优化GP算法，并考虑优先级设置的优化条件，优化目标定义：

$$\begin{aligned} &\min_R B_R = -\sum_{i=1}^{n} P_i \ln\left(U_i\left(c_i\right)\right) \\ &\text{s.t.} \quad \sum_{i=1}^{n} c_i\left(t\right) \leqslant R \quad \forall t, \\ &\qquad \frac{I_i}{c_i} \leqslant R_j \end{aligned} \tag{5-32}$$

其中，I_i 为每个任务包含的线程数量，$\frac{I_i}{c_i} \leqslant R_j$ 表示任务所获得的总资源必须能使得任务在规定的最晚完成时间前完成。

利用拉格朗日函数表示公式（5-32），如公式（5-33）所示：

$$L(c_i,\alpha,\beta)=\sum_{i=1}^{n}P_i\ln\left(U_i\left(c_i\right)\right)+\alpha\sum_{j=1}^{m}\left(R-\sum_{i=1}^{n}c_i\right)+\beta\sum_{i=1}^{n}\sum_{j=1}^{m}\left(R_j-\frac{I_i}{c_i}\right) \tag{5-33}$$

其中，α、β 为拉格朗日因子。

考虑应用梯度投影方法求得优化问题 B_R 的解，梯度投影函数 S 表示如公式（5-34）所示，递归步长为 Δ''，$\Delta''\in(0,\frac{L}{2}]$，$L$ 是拉格朗日约束：

$$S=\frac{\partial L(c_i,\alpha,\beta)}{\partial c_i} \tag{5-34}$$

$$L=\sum_{j=1}^{m}\sum_{i=1}^{n}P_i(R_j-c_i)^2 \tag{5-35}$$

定义5.4 令 $\overline{B}$ 为 B_R 的优化解，定义递归过程：

$$r_i^{(k+1)}=\max(0,r_i^{(k)}+S) \tag{5-36}$$

其中，r 是 R 的梯度投影因子。

定义5.5 对于递归过程 $\{r^{(k+1)}\}$，如果收敛，则有：

$$\lim_{k\to\infty}R_j\left(r^{(k)}\right)=R'\in\overline{B} \tag{5-37}$$

因此，求得优化问题 B_R 的解。

考虑资源分配的公平性，保证不同类型最晚完成时间的任务要求，根据以上对于优化问题的求解，资源分配GP算法描述：

步骤 1：初始化任务的基本资源需求量 D_i、递归步长 $\Delta''\in(0,L/2]$ 系统资源量序列 $\{R_1,R_2,\cdots,R_j,\cdots,R_m\}$；

步骤 2：计算待分配资源的任务集中分配的投影梯度 $S^{(k)}$；

步骤 3：判断梯度投影 $S^{(k)}$ 与用户提供的梯度投影允许误差值的关系，如果 $\left\|S^{(k)}\right\|\leqslant\delta$，且 $\Delta''<L/2$，则转到步骤 4，否则转到步骤 2；

步骤 4：更新 $S^{(k)}$；

步骤 5：求得 R'，结束算法。

5.4 实验结果与性能分析

实验采用了CloudSim进行模拟，根据CloudSim支持建模和大规模云计算基础设施实例化的特点，建立虚拟机上的数据中心，方便数据中心、服务代理、调度和分配策略进行建模，同时，在一个数据中心节点上创建和管理多个独立、协同的虚拟服务，在共享空间和共享时间的处理核心之间进行切换。

依据CloudSim仿真器采用的分层结构，数据中心自底向上由CloudSim模拟引擎、CloudSim、用户代码三个层次组成。根据任务调度策略对CloudSim进行更改：

（1）改写 CloudSim 中的 DatacenterBorker，为其添加的记录完成任务所需消耗成本。

（2）假设在实际运行中，数据中心应用层有充足的资源满足任务的需求，因此重写 Datacenter 类，不限定物理主机的数量。

5.4.1 基于纳什均衡优化解的任务分配算法性能测试

（1）实验环境设置：实验场景如图 5-1 所示

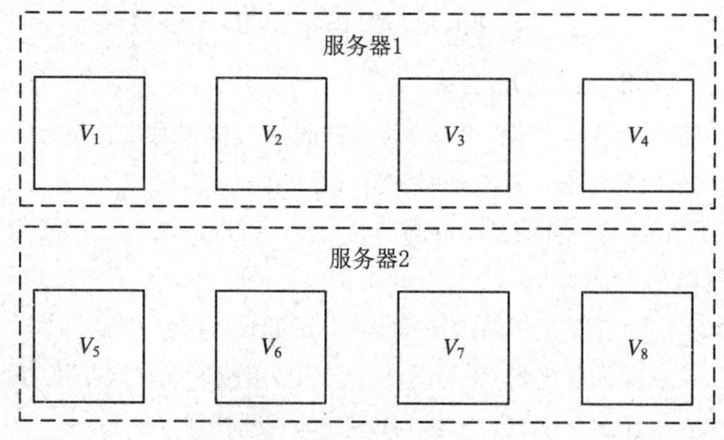

图 5-1 虚拟机分布情况

实验环境中网络传输率设置为 1 Gbps，应用 2 台服务器，每台服务器均有

4 个虚拟机，虚拟机之间具有一对一、一对多、多对多三种交互方式。1000 个实例作为相应的输入数据，每个实例包含的任务个数设在 5~10 个。服务器 1 和服务器 2 之间进行通信，任务被分配在相应的虚拟机上，虚拟机 V_1~V_4 属于服务器 1，虚拟机 V_5~V_8 属于服务器 2。

（2）实验结果分析

通过以下两方面验证虚拟机基本资源需求量对于资源优化的关键作用：资源分配到不同的虚拟机；改变不同虚拟机的基本资源需求量的情况。在不同的典型场景下验证 MRA 算法有效性及其对于资源分配的公平性。表 5-2、表 5-3 给出服务器 1 上虚拟机 V_1、V_2、V_3、V_4 的资源分配情况。

由表 5-2 和表 5-3 可知虚拟机 V_1、V_2 的资源需求量小于其最小资源需求量，根据提出的 MRA 算法，其任务的资源量可以得以保证；虚拟机 V_3、V_4 上任务的资源要求高于其最小的资源需求量。

表 5-2 V_1～V_4 基本资源分布情况

V_1 基本资源需求量	V_2 基本资源需求量	V_3 基本资源需求量	V_4 基本资源需求量
50	50	50	50
100	100	100	100
150	150	150	150
200	200	200	200
—	250	—	250
—	300	—	300

表 5-3 V_1～V_4 请求资源分布情况

V_1 请求资源需求量	V_2 请求资源需求量	V_3 请求资源需求量	V_4 请求资源需求量
50	50	50	50
100	100	100	100
150	150	150	150
170	170	200	200
—	—	250	250
—	—	300	300
—	—	350	350
—	—	—	400

虚拟机针对不同资源的需求而相互之间产生的资源分配变化影响如图 5-2 所示。

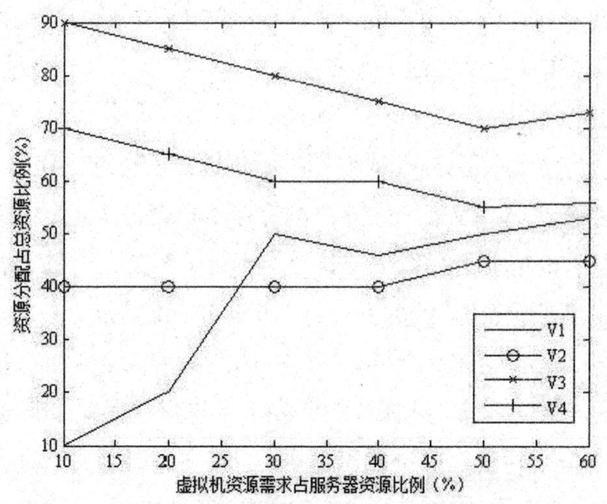

图 5-2 不同资源需求对虚拟机的影响

图 5-2 显示了当V_1上的资源需求量小于其基本资源需求量，V_1、V_2这两个资源需求量低的虚拟机的要求不能得到保证。如果V_1上的资源需求量高于基本资源需求量，根据资源的优化分配原则，为了提高资源的利用率，减少空闲资源的浪费，则需要同其他虚拟机进行资源竞争，并根据公平原则，获得其他虚拟机的剩余资源。该分配策略进一步表明了 MRA 算法保证了虚拟机对于较高资源量的需求。

图 5-3 给出了 MRA 算法循环执行时系统资源的变化情况。

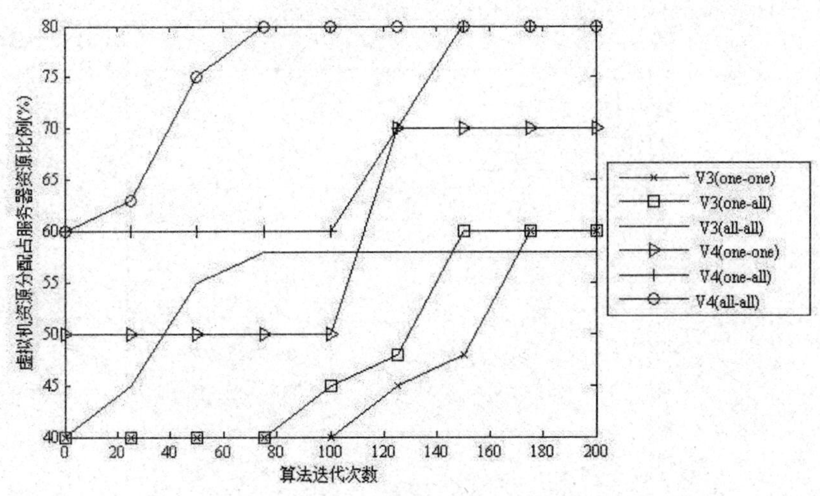

图 5-3 算法迭代次数对资源分配的影响

根据图 5-3 可知，在 MRA 算法的控制下，每个虚拟机上的收敛过程变化如下：初始阶段变化速率较慢，后期趋于一个稳定值，这是由于算法对迭代步长和梯度投影因子的限制导致的。根据图 5-3 的执行结果设置服务器的资源总量，缩短整个迭代过程。

同时，为了验证 MRA 算法对于资源分配公平性的影响，设服务器中虚拟机分布为 V_1、V_8 同属于一个服务器，如图 5-4 所示。V_8 与其他虚拟机相互通信，并且通信量逐渐增加，所有虚拟机都有相同的基本资源量需求。

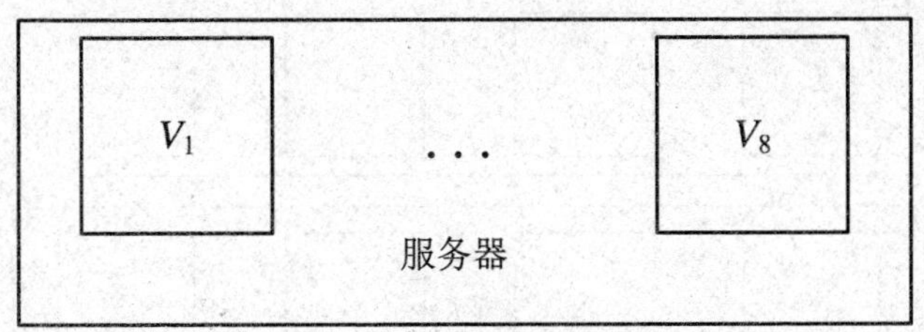

图 5-4 服务器中虚拟机的分布情况

虚拟机占有资源在服务器资源中的总比例如图5-5所示。根据图5-5可知，当 V_1 基本资源需求量占服务器总资源量的50%时，即B=0.5，MRA算法保证 V_1 的资源量而不考虑 V_8 的资源需求；V_1 基本资源需求量占服务器总资源量的25%时，即B=0.25时，V_1 资源分配降低，但能满足其资源需求，表明MRA算法可以保证虚拟机最小资源需求和资源分配公平性。

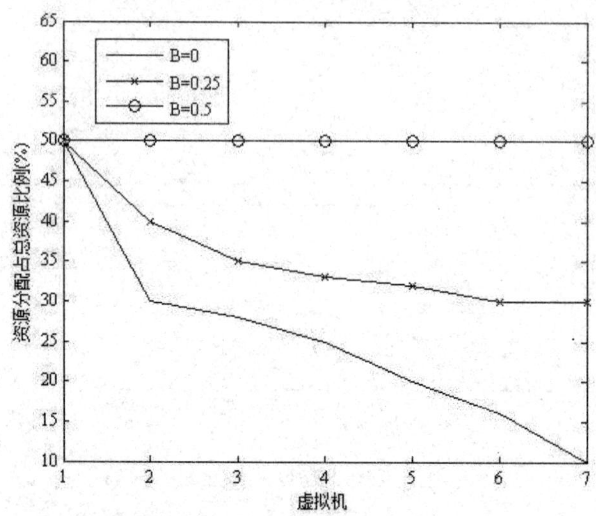

图 5-5 虚拟机基本资源需求占服务器资源比例变化情况

在图 5-6 场景中设置 A、B 组服务器，其中虚拟机基本资源需求量分配情况如图 5-7 所示。

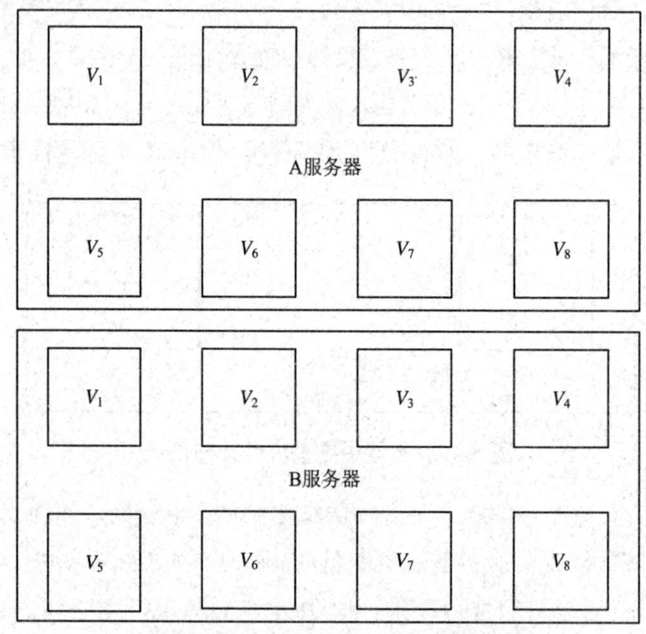

图 5-6 虚拟机 A-B 组分布情况

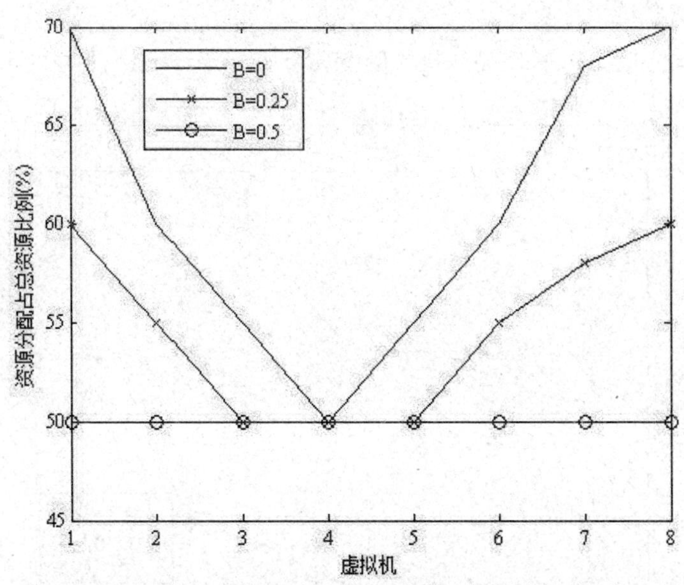

图 5-7 两组虚拟机基本资源需求量分配情况

由图 5-7 可知，当虚拟机的基本资源需求量占服务器资源量的 50%时，系统中各个虚拟机没有剩余资源用来共享，MRA 算法只考虑资源分配保证；但当虚拟机的基本资源需求量占服务器资源量的比例减小后，MRA 算法倾向于遵循资源共享的公平性原则。当虚拟机的基本资源需求量降为 0 时，虚拟机以纳什谈判解为基础进行资源的公平分享。

综上所述，虚拟机的基本资源需求量是保证资源分配最低保证和公平性的优化关键量，通过为云服务提供商灵活设置其虚拟机的基本资源需求量，可提高系统资源利用率，同时可以进行资源的动态调整，以满足用户的需求。

5.4.2 基于任务完成时间的自适应算法性能测试

（1）实验环境设置

实验中网络传输率设为 1 Gbps，应用 3 台服务器，通过 Hadoop 框架执行，每一个任务都需要 3 个 map 任务完成，并利用 Hadoop 的插件，控制分配给系统中每个任务的 map 时隙数量，从而控制资源的分配。

（2）实验结果分析

图 5-8 给出了 GP 算法循环执行的变化情况。

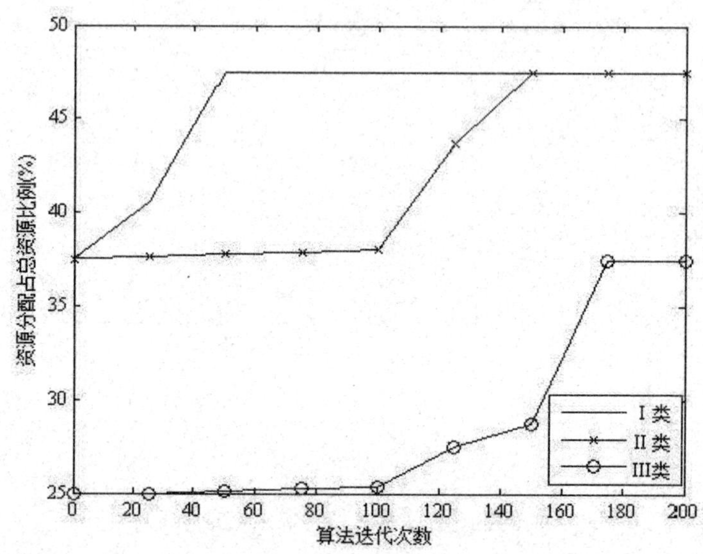

图 5-8 GP 算法执行情况

在 GP 算法的控制下，通过图 5-8 的收敛过程可知，对于 I 类、II 类、III 类最晚完成时间的任务执行情况，开始速率较慢，后期趋于一个稳定值，因此算法均在一定迭代次数后能得到一个最优解，并且选择适当的虚拟机的资源量初始值，可以缩短迭代过程。

选取不同类型、不同规模的调度问题，比较算法迭代次数，结果如表 5-4～表 5-7 所示。

表 5-4 I 类最晚完成时间迭代次数

任务数	迭代次数
50	100
150	380
450	738

表 5-5 Ⅱ类最晚完成时间迭代次数

任务数	迭代次数
50	170
150	453
450	850

表 5-6 Ⅲ类最晚完成时间迭代次数

任务数	迭代次数
50	235
150	520
450	921

表 5-7 GP 算法平均迭代次数比较

任务数	迭代次数
50	173
150	450
450	890

由表 5-4～表 5-7 可知，GP 算法可以在有限次迭代中最终求得问题的最优解。

将 GP 算法分别与公平调度（Fair Schedule）[102]、随机调度（Random Schedule）[103]、最早-完成时间优先（Earliest Deadline First）[104]三种调度算法比较。四种算法在延迟等待时间上进行比较的结果如图 5-9～图 5-11 所示。

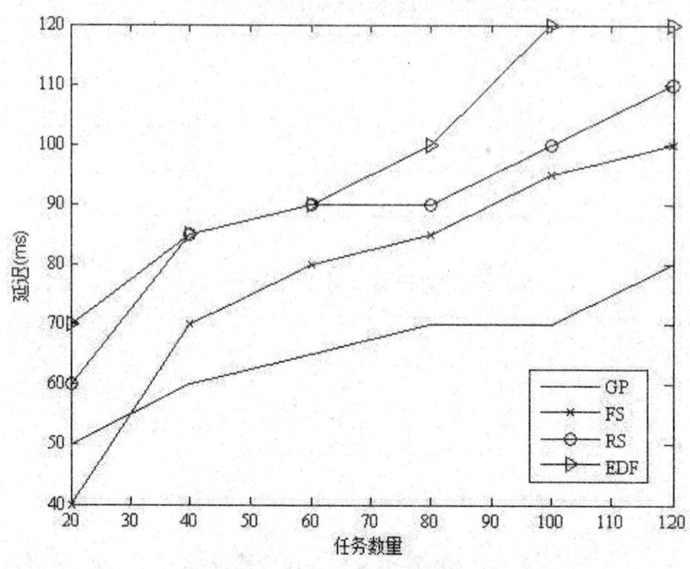

图 5-9 不同任务类型延迟分布情况

公平调度、随机调度、最早-完成时间优先，三种调度算法特点如下：

① 公平调度中每个任务分得相同的资源，保证资源分配的公平性；

② 随机调度中资源随机分配给每个任务使用；

③ 最早-完成时间优先调度中，虚拟机是根据任务的完成时间的顺序，依次获得相应的资源。

首先，120 个任务中至少 50 个是 I 类最晚完成时间，其余任务随机为II类最晚完成时间和III类最晚完成时间，针对以上设置执行四个调度算法。

在图 5-9 中，当任务数量为 50 时，四种算法的延迟情况：应用 GP 算法时出现的最坏情况的延迟为 55ms 时，此时，公平调度 FS 算法延迟为 76ms，随机调度 RS 算法和最早-完成时间优先调度 EDF 算法对应最坏执行情况下的延迟为 87ms。在任务数量逐渐增加的过程中，GP 算法延迟波动较小，其他三种算法波动较大，并随着任务数量增加，延迟增加幅度变大。实验结果表明，应用 GP 调度算法的任务总是接近最晚完成时间完成，其能够在任务完成中合理考虑任务的三种分类，延迟较小，而其他算法具有不同程度的较大延迟。

比较四种算法的任务优先级与延迟情况，如图 5-10 所示。

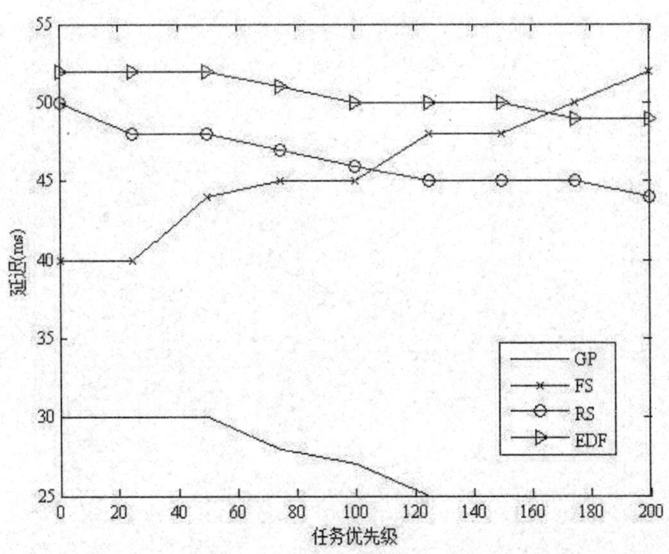

图 5-10 不同优先级任务延迟分布情况

在图 5-10 中，对于所有任务设置相同的执行时间为 55ms，任务类型为Ⅱ类最晚完成时间，任务的优先级为 0～200。

应用 GP 算法时出现的最坏情况延迟为 30ms 时，公平调度 FS 算法、随机调度 RS 算法和最早-完成时间优先调度 EDF 算法对应的延迟均高于 GP 算法运行时的延迟 30ms。此时，在四种算法运行的整个过程中，GP 算法由于对于任务进行资源分类调度，任务延迟减少幅度较大，并且对于任务执行造成的影响较其他三种算法减弱。

设置任务的数量从 50 增加到 150，比较不同调度算法总的延迟情况，如图 5-11 所示。其中，至少 1/3 任务是 I 类最晚完成时间，而其余 2/3 任务随机分配为Ⅱ类最晚完成时间和Ⅲ类最晚完成时间。

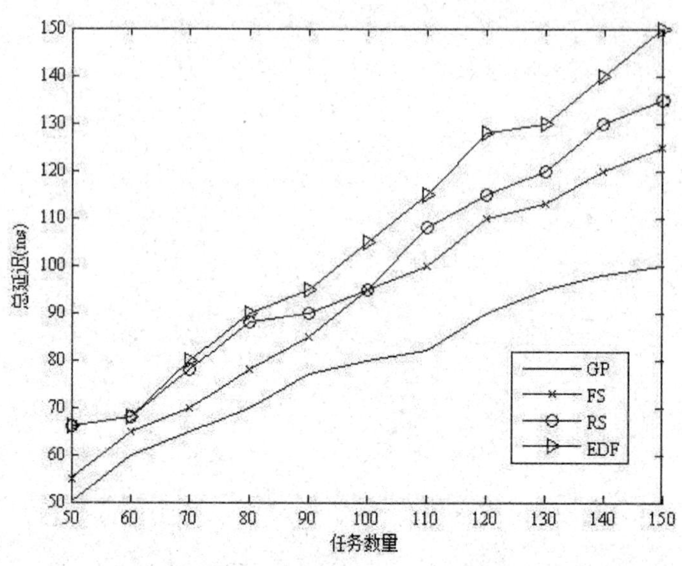

图 5-11 不同优先级任务总延迟分布情况

由图 5-11 可知，四种算法的延迟变化趋势一致，但是当任务被执行时，应用 GP 算法时虽然延迟增加，但增加幅度较平缓，而公平调度 FS 算法、随机调度 RS 算法和最早-完成时间优先调度 EDF 算法对应的任务执行时的延迟不断扩大。正是由于 GP 算法具有任务完成时间适应的机制，才能够尽可能满足任务执行的时间、资源需求，降低任务执行延迟。

实验结果表明，对于一组提交到 Hadoop 框架的任务，由于 GP 算法具有任务完成时间自适应性，因此，相较于其他三种调度算法，在最晚完成时间内，GP 算法调度完成高优先级任务的数量多于其他调度算法；对于多种类型任务的执行实验结果表明，GP 算法总的累计延迟时间小于其他调度算法。

5.5 本章小结

本章分析了影响云数据中心应用层任务调度的主要因素，指出任务调度中服务提供商对于资源分配的效率、成本的要求，以及用户对于任务调度的公平性要求。研究了单个数据中心的应用层任务优化调度方法，建立了基于排队的任务优化调度模型。

考虑云计算服务具有的市场运营中服务与被服务利益相关的特点，运用博弈、纳什均衡理论求解资源分配、任务调度的优化问题，解决服务提供商和用户双方利益均衡性的问题。根据具有约束条件的目标优化问题，提出了任务优化调度算法 MRA 算法以及应用梯度投影方法求得优化解的 GP 调度算法。

第 6 章　多数据中心云工作流任务优化调度策略

随着云计算的发展，单个数据中心不能满足用户服务需求，用户希望在较短的时间内以更低的费用得到满意的服务，而服务提供商则具有提高自己的利润、压缩运行成本的利益需求。数据中心具有异构性，各个数据中心所提供的资源数量、种类和价格不同；系统中需要处理的任务量大，而且分布分散，任务在不同数据中心迁移的过程中会产生大量的能耗。针对以上问题，本章引入工作流处理基础，将多数据中心云工作流的任务调度分两个阶段进行：在建立云工作流模型、任务调度模型的基础上，在第一阶段，应用粒子群算法，将粒子的更新过程进行改进，使得整个更新过程向更优方向发展，并设定了具有时间、费用约束的适应度函数，以此进行任务优化调度；第二阶段提出了具有负载感知的任务优化调度策略，考虑系统的负载率，在第一阶段对任务进行优化调度的基础上设计资源的分配算法，充分利用资源，提高系统 CPU 利用率、内存利用率和磁盘利用率，提高任务执行的效率。

6.1 云工作流系统

设置图 6-1 的云计算工作流管理结构。

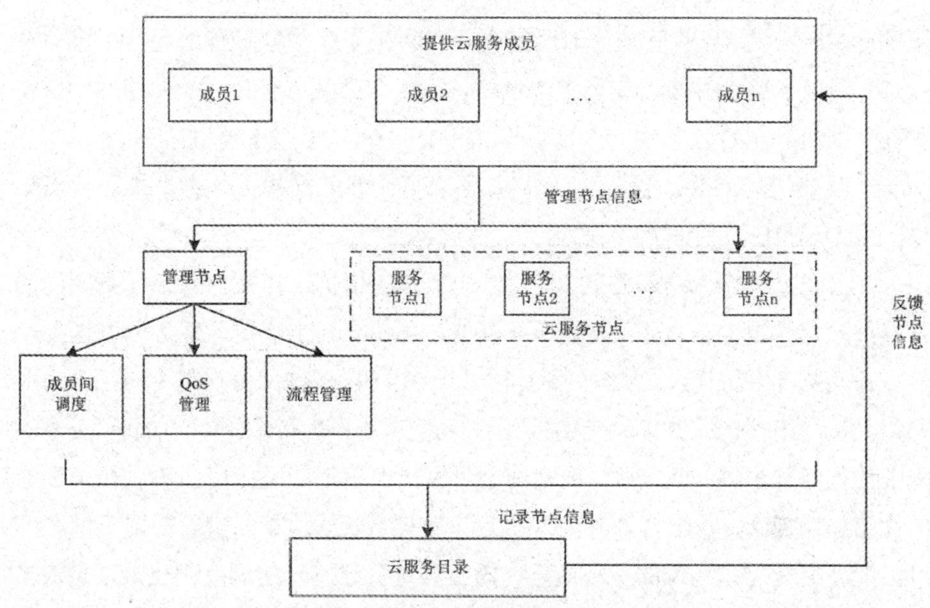

图 6-1　云计算工作流管理结构图

当云计算系统中具有大量的工作流任务时，如果没有整体调度策略来保障，将会严重影响整个系统的性能，无法满足任务的 QoS 要求。同时，针对云计算面向市场机制服务的特征，云计算环境中的工作流系统应当根据当前的资源分配情况、系统负载情况进行流程处理，以提高资源利用率，由此在该结构设置中：

（1）云成员将能提供相同服务的资源逻辑上分配在一起，成为一个服务云。服务云中的成员间是相互独立的，任何一种可利用的服务资源都可以根据其自身能提供的服务选择加入云成员，成员具有服务流程的创建、实例建立、执行等功能。

（2）云服务目录中包含了用户可以请求的一系列服务的列表，如云成员的服务节点将某个时刻的工作状态、所具有的 QoS 信息记录在内，云成员可以通过服务目录查询到可用服务资源信息，从而给出能提供用户所需服务的云成员。

（3）管理节点具有成员调度、QoS 管理、流程管理功能。成员调度查询到同步任务，并按照其要求分配到合适的云成员；QoS 管理为负责的同步合作服务提供相应的 QoS 管理；流程管理负责将工作流中任务分配到各个服务节点。将管理节点设置在云成员中，可以将云工作流服务整合为一个整体，保证了高效的服务质量。

（4）服务节点得到服务请求，执行服务，并处理相关数据，最后输出结果，由云成员独立管理和控制。

在上述云工作流结构基础上，后续小节首先依据工作流内各个任务之间的依赖关系，利用 DAG 建立关联任务模型，并建立云工作流、任务调度模型，然后在此基础上将调度分为两个阶段，第一个阶段考虑服务质量中时间、价格的约束，给出根据此约束设定的问题目标函数，采取粒子群算法的优化思想，降低优化问题求解的复杂性，根据问题目标函数确定的适应度函数对粒子性能的优劣加以判断，并结合 Pareto 最优理论获得最优解。第二阶段根据资源在主机上的分配情况和系统的负载情况，提出具有负载感知的调度优化策略，依据该策略，设置负载可感知调度算法，提高任务的执行效率。

6.1.1 DAG 模型

在图论中，如果一个有向图无法从任意顶点出发经过若干条边回到该点，则这个图是一个有向无环图，即 DAG 图[105]。在多数据中心的云环境中，多数据中心的数据量大，并且数据中心分布在不同的地理位置，同时，数据中心具有异构性。针对这些特点，可以将数据作为用户任务，因而使用 DAG 对工作流进行建模。

在建模过程中，由于受制于某些任务必须比另一些任务较早执行，必须将任务集合排序为一个队列，则该集合可以由一个 DAG 图来呈现。在 DAG 中，每个顶点表示一个任务，每条边表示一种限制约束，利用拓扑排序算法生成一个有效的序列。DAG 中的可达性关系构成了一个局部顺序，而任何有限的局部顺序也都可以由 DAG 的可达性来呈现。

工作流的例子如图 6-2 所示。图中的 d_1、d_2、d_3、d_4、d_5 表示数据中心的五个数据集。d_1 为原始数据集，d_2~d_5 为中间数据集，a_1、a_2、a_3、a_4 表示工作流中的四个子任务，箭头表示任务和数据之间的依赖关系。如数据集 d_2

由任务 a_1 产生，任务 a_2 和 a_3 的执行需要依赖于 d_2，所以 a_2 和 a_3 必须等到 a_1 执行结束才能开始执行。

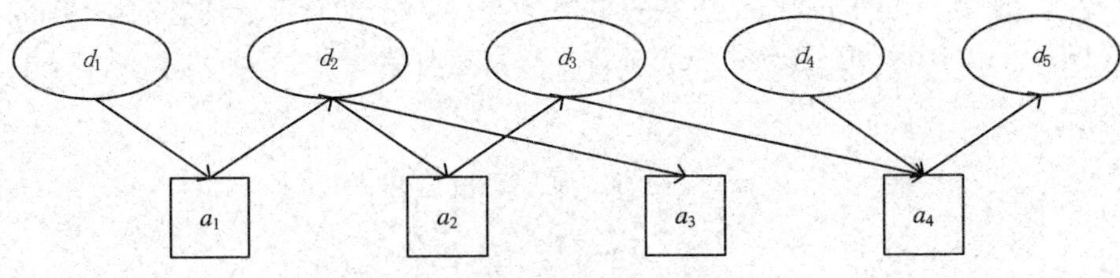

图 6-2 任务执行顺序图

云工作流应用表示为 DAG，记为 $V(A,E)$，$A=\{a_1,a_2,\cdots,a_n\}$ 是任务的集合，E 表示各个任务之间的优先关系和依赖关系。

没有父任务的任务称为初始任务，表示为 a_{start}，没有后续任务的任务称为结束任务，表示为 a_{end}，除此以外，每个任务均有父任务以及子任务，并且只有其所有的父任务已经完成，它才能开始执行，为了便于表达，设定无执行时间的虚拟任务分别表示工作流的起始和结束，记为 a'_{start}、a'_{end}。

在任务等待执行时，若具有相同深度的任务在执行时出现死锁，则其等待时间不能小于同深度任务的执行时间，以此保证整个工作流的执行完成。

对于一个给定的云工作流应用，每个任务的执行都是非抢占的。每一个应用任务 a_i 都需要在一个云节点 p_j 上执行任务，云节点的集合为 $P=\{p_1,p_2,p_j,\cdots,p_m\}$，其执行时间表示为 T_{ij}，该时间与任务的大小及节点的计算速度相关，T_{ij} 表示任务 a_i 的数据到达云节点 p_j 的时间，即任务 a_i 的父任务产生，并发送到任务 a_i 的所有数据的时间和。

任务的平均执行时间定义为公式（6-1）：

$$\overline{T_{ij}}=\frac{\sum_{i=1}^{n}\sum_{j=1}^{m}T_{ij}}{n} \tag{6-1}$$

任务的平均通信量定义为公式（6-2）：

$$\overline{E_{ij}}=\frac{D_{ij}}{\overline{B}} \tag{6-2}$$

其中，D_{ij}表示任务在 DAG 图中a_i、a_j间的传输数据量，$\overline{B}$表示云节点之间的平均带宽。

设$\{a_i^{\text{pred}}\}$为a_i的全部父任务的集合，$\{a_i^{\text{suc}}\}$为a_i的全部子任务的集合。如果云节点p_j可以开始接受任务，则执行的最早时间为T_{ij}^{st}，定义如公式（6-3）所示：

$$T_{ij}^{st}=\begin{cases}0, & a_i=a_{\text{start}}\\ \max(T_{ij}^{st},\eta), & a_i\neq a_{\text{start}}\end{cases} \tag{6-3}$$

其中，$\eta=\max\limits_{a\in\{a_i^{\text{pred}}\}}(T_{ij}^{\text{ft}}+T_{ij})$，任务在云节点$p_j$上的最早开始时间和最早完成时间为$T_{ij}^{st}$、$T_{ij}^{ft}$。

任务在云节点p_j的开始时间为$T_{ij}'^{\text{st}}$，结束时间为$T_{ij}'^{\text{ft}}$。当一个工作流任务都被调度之后，任务a'_{end}的结束时间$T'_{\max}=T'^{\text{ft}}_{\text{end}j}$。若一个工作流任务都被调度之后，具有多于 1 个的a'_{end}，则其调度时间长度为$T_{\max}=T'^{\text{ft}}_{kj}$，其中$k\in V$。

6.1.2 云工作流模型

在云计算工作流系统中，调度问题的关键在于运用合理的调度策略，使得服务时间、服务费用最少。因此，提出了新的云计算工作流的任务优化调度模型。云计算工作流的任务优化调度模型如图 6-3 所示。

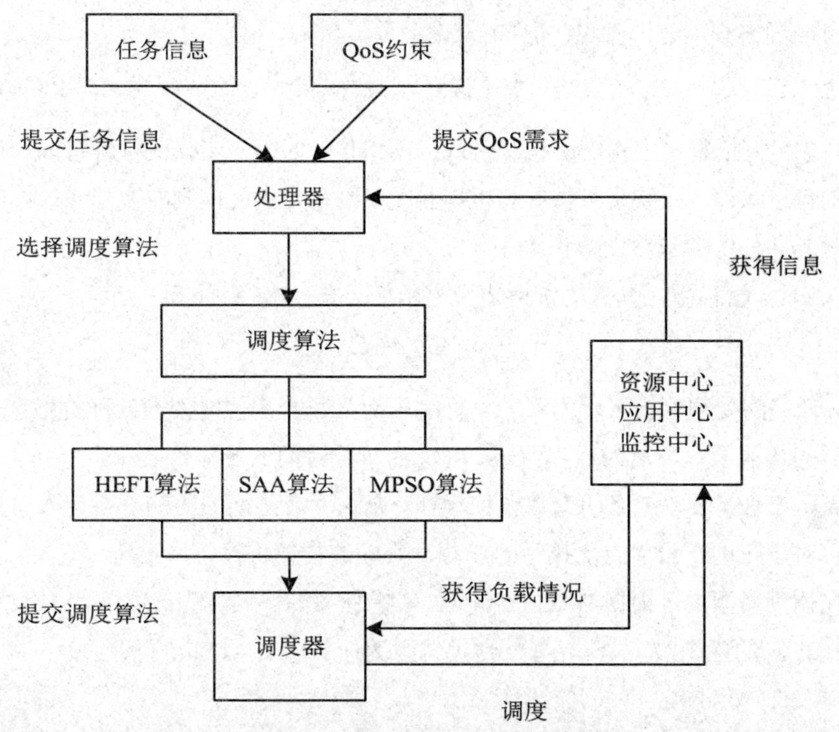

图 6-3 云计算工作流调度体系结构

在优化调度模型中，资源及应用中心主要管理云计算环境下的资源和服务；处理器负责对任务进行预调度，预调度根据用户的 QoS 约束，采用合理的调度算法对任务和资源之间的关系进行优化，为调度预留资源；调度器感知资源当前的负载情况，预计任务在当前调度中的耗费，保证任务在最佳的时机被调度执行。

在第一阶段的调度步骤如下：

（1）根据工作流定义搜索资源；

（2）将用户的 QoS 目标要求分配到任务中；

（3）选择最优调度算法；

（4）将工作流任务调度到调度器准备执行。

任务完成时间 T_{total} 和价格 C_{total} 两个参数对应的模型：

（1）完成时间模型：调度的完成时间表示为用户提交一个工作流应用的

开始时间到得到需要的结果的时间间隔。

$$T_{\text{total}} = T_{\max} - T'^{\text{ft}}_{ij} \tag{6-4}$$

其中，T_{total} 包括整个工作流的执行时间、网络传输时间。工作流执行时间与所使用的调度策略、系统负载情况和性能相关。网络传输时间则取决于系统中的网络时延和任务所包含的数据大小。

（2）价格模型：任务的价格定义表示如公式（6-5）所示：

$$C_{\text{total}} = C_{\text{deal}} + C_{\text{tr}} \tag{6-5}$$

其中，任务的处理价格表示为 $C_{\text{deal}} = \overline{T_{ij}} c_{ij}$，$c_{ij}$ 为每个单位时间的处理价格；任务数据的传输成本表示为 $C_{\text{tr}} = \overline{E_{ij}} c'_{ij}$，$c'_{ij}$ 为单位时间的传输价格。

若两个任务 a_i、a_j 之间有数据依赖性，则这两者之间的传输价格计入总价格中；对于在同一云节点上执行的任务，其间的传输价格忽略不计。

在调度模型中，根据 DAG 的特点，考虑任务的不同优先级。由 a'_{end} 回溯，得到任务 a_i 的优先级 $prior(a_i)$，则优先级的计算如公式（6-6）所示：

$$prior(a_i) = \begin{cases} \overline{T_{\text{end}}}, 当\ a_i = a'_{\text{end}} \\ \overline{T_{ij}} + \delta, 其他 \end{cases} \tag{6-6}$$

其中，$\delta = \max\limits_{a \in \{a_i^{\text{suc}}\}} (T_{ij}^{ft} + T_{ij})$，$\overline{T_{\text{end}}}$ 为平均结束时间。

调度策略中对于任务的排序：在执行任务前，根据任务的优先级进行排列，提供一个根据任务之间优先级限制的线性排列顺序。而工作流调度问题就是构建任务到云节点的二元组 Q，该二元组由时间、价格构成，表示为 $Q=[T_{total},C_{total}]$。

6.2 基于改进粒子群算法的工作流任务优化第一阶段调度策略

粒子群优化算法中，每个优化问题的解都是搜索空间中的“粒子”。所有的粒子都有一个由被优化的函数决定的适应值，每个粒子都具有一个速度用以决定其方向和距离，并以此速度追随当前的最优粒子在解空间中进行搜索。粒子群算法相较于其他智能算法，寻优速度快，面对云计算系统工作流中大量的任务优化调度，有利于提高优化调度速度，同时，动态地寻找最优解的过程映射到云计算系统中，保证了资源的合理利用。

在改进的粒子群算法MPSO中，优化的原则：

（1）工作流调度中的变量为离散型，故在定义粒子的位置和速度时，要保证其特征，并且要保持算法搜索的趋优性，即进行映射关系的解码，以求得该映射的时间效用和价格效用值。

（2）在求解优化解的过程中，要求具有满足不同目标的Pareto最优解集。每次更新微粒，必须保持上一次寻优中搜索到的是比较好的分配方案，这样才能使得算法收敛到全局最优解。因此，参考了遗传算法中染色体的交叉和变异的特性，在每次更新分配方案时，都与当前搜索到的个体最优映射和全局最优映射进行交叉和变异，这样就能保存目前搜索到的较优分配，使得算法朝更优的方向运行。

引入Pareto多目标进化方法，通过求得前端，再根据不同的约束条件获得调度策略的最优解。根据6.1.2节设定的云工作流调度中两个相互影响的调度目标，完成时间和价格的最小化求解，求解策略对两个参数进行优化，符合该标准的求解策略组成的集合为Pareto最优解集合。

定义6.1 给定一个多目标优化问题$f(x)$，S为优化目标的可行解集，若存在一个可行解$x'=\{x_1',x_2',\cdots,x_n'\},(x'\in S)$，对于每一个解$x'\in S$，$f(x')=\underset{x'\in S}{opt}f(x)$恒成立，则称$x'$为全局最优解或全局极值点。

定义6.2 假设p和q是进化群体中任意两个不同的个体，若存在p支配q，则必须满足下列两个条件：

（1）对所有的子目标，p不比q差，即$f_k(p)\leqslant f_k(q),(k=1,2,\cdots,r)$；

（2）至少存在一个子目标，p比q好。即$\exists l\in\{1,2,\cdots,r\},f_l(p)\leqslant f_l(q)$。其中，$r$为子目标的数量。

此时，称p为非支配的，q为被支配的。这些非支配的解与其他解的冲突较小，具有期望的选择空间，适合应用于调度策略的优化解分析中。

MPSO算法中粒子的位置设为$L=[a_i,p_j]$，表示任务a_i在云节点p_j上。

MPSO算法中的粒子的速度设为$V=[\omega(a),a]$。其中，权值$\omega(a)$表示任务a分配的概率。

粒子的更新过程为：

$$L_i^{k+1}=L_i^k\oplus V_i^{k+1} \tag{6-7}$$

$$V_i^{k+1}=(\Delta\otimes V_i^k)\oplus\left[c_1\otimes\left(L_{best}\circ V_i^k\right)\right]\oplus\left[c_2\otimes\left(L'_{best}\circ V_i^k\right)\right] \tag{6-8}$$

在粒子群优化算法中，粒子的种群是需要应用求解中全部的粒子。粒子进行初始化，是由其适应值表示的。在每一代粒子的优化过程中，适应值由适应值函数进行评估，粒子掌握其最优位置 L_{best} 和此时整个种群的最优粒子位置 L'_{best}。因此，粒子在搜索过程中总是趋于向更好的搜索区域移动。

在每一次迭代过程中，粒子会通过追踪 L_{best}、L'_{best} 两个位置来更新自己，并且根据公式（6-7）、（6-8）更新位置和速度。其中，V_i^{k+1} 是粒子在第 $k+1$ 次迭代时的速度，L_i^k 是粒子在第 k 次迭代时的位置，$\Delta\in(0,1)$ 为特定的惯性阈值，c_1、c_2 为学习因子，L_{best}、L'_{best} 分别为个体最优极值、全局最优极值；$\otimes$ 重新定义为粒子位置 L 的求补运算，$\oplus$ 重新定义为求得 a 的 $\omega(a)$ 的运算，$\circ$ 为合并运算。

具有目标约束的调度策略中时间目标函数表示为 $T(Q)$、价格目标函数表示为 $C(Q)$。

由此，将 MPSO 优化算法中的适应函数表示为公式（6-9）：

$$F(Q)=\omega_T T(Q)+\omega_C C(Q) \tag{6-9}$$

其中，ω_T、ω_C 分别为任务对于时间和价格的期望权值，且 $\omega_T+\omega_C=1$，$T(Q)=L'_{\text{balance}}/T_{\text{total}}$，$L'_{\text{balance}}$ 为负载系数，$L'_{\text{balance}}=\sum_{i=1}^{n}\sum_{j=1}^{m}T_{ij}\Big/T_{\text{total}}$ $C(Q)=1/C_{\text{total}}$。

MPSO 算法的优化求解过程：

对于求解具有目标约束的粒子群优化算法，在尽可能找到被其他解所支配的最优解的前提下，MPSO 算法对 Pareto 最优解集中的解进行比较，但为了防止陷入局部最优而影响全局求解的情况，一般随机选择最优解，以加大粒子的全局搜索能力。MPSO 算法优化求解步骤如下：

步骤 1：初始化

（1）随机生成一个初始种群，对种群中的粒子设置初始速度，检验各粒子是否满足约束条件，若不满足，则对其重新初始化。

（2）计算该种群每一个个体粒子的 Pareto 占优情况，将非劣解粒子存储于 Pareto 解集存储区 f 中。存储区 f 中至少需要有两个粒子，若不足则随机产生。

步骤 2：适应值评价

计算粒子群各粒子个体的每一个目标的适应值，并以矢量形式存储。

步骤 3：粒子更新

（1）更新粒子群中个体粒子的速度和位置，从当前 Pareto 解集中随机选取一个值作为整个种群的最优解。

（2）如果更新后的粒子不满足约束条件，则删除该粒子，重新随机产生粒子。

步骤 4：更新 Pareto 解存储区

（1）检查粒子群中每一个粒子的 Pareto 占优情况，若某个占优粒子和 Pareto 存储区 f 中的粒子相比较是非劣解的话，则将该粒子存入存储区 f，作为当前获得粒子的一个 Pareto 解。

（2）如果存储区 f 中某个粒子受控于新存入的粒子，则从 Pareto 存储区 f 中删除该粒子。

判断算法是否满足最大迭代次数的停止条件，如未满足，则返回步骤 2 继续搜索；否则，输出满足约束要求的映射方案。

算法时间复杂度分析：

为了更方便地分析任务优化调度算法的时间复杂度，假设数据中心数量为 n，数据中心中平均节点数目为 r，任务数量为 m。算法的时间复杂度主要取决于迭代执行，在迭代执行中，任务需要判断是否有关联，其时间复杂度为 $O(m^2)$，而对应的可以提供资源的节点的复杂度为 $O(nr)$，因此算法的时间复杂度为 $O(nr)\times O(m^2)=O(m^2nr)$。

6.3 面向负载感知的工作流任务优化第二阶段调度策略

在多数据中心工作流系统中，不同的数据中心的异构特征以及用户对任务执行的效率的服务需求，使得在任务执行的密集期，出现大量任务对资源竞争的情况，这样会导致冲突发生，严重影响多数据中心的整体性能，直接损害用户和服务提供商的利益。在多数据中心云工作流系统的第一阶段提出了任务优化调度策略，对任务调度进行了优化设计，本阶段提出面向负载感知的多数据中心云工作流调度策略。策略执行过程中，将资源规划到各个服务任务中，作为云服务的功能性要求输出，利用延迟调度机制，在任务完成时间最少的情况下能够对资源的闲置时间进行尽可能的利用，同时，根据系统中机器的负载情况，选择合适时机将应用任务调度到机器上执行，调度步骤：

（1）通过监控中心，获得系统的负载信息；

（2）计算调度所消耗的通信量；

（3）按照调度消耗的通信量，确定调度时机；

（4）处理冲突；

（5）继续监控任务调度。

经过整个调度过程，完成对于任务的优化调度、资源的合理分配，提高多数据中心的 CPU、内存、磁盘利用率。

首先根据多数据中心的系统负载相关性，进行如下定义。

定义 6.3 设O_p为 CPU 负载率，O_m为内存负载率，则系统资源负载率O：

$$O = O_p O_m \tag{6-10}$$

相应地，任务 a 发出请求等待时的资源负载率为$O_{\text{wait}} = O_{\text{pwait}} O_{\text{mwait}}$，任务 a 开始执行时的资源负载率为$O_{\text{start}} = O_{\text{pstart}} O_{\text{mstart}}$。

定义 6.4 任务的等待时间：

$$T_{\text{wait}} = \sum_{a \in \{a_i^{\text{pred}}\}} \frac{T_{ij} E' O_{\text{start}}}{U \alpha'} \tag{6-11}$$

其中，E'为任务执行时实际的资源消耗，U 为资源利用率，α'为协调因子。

定义 6.5 任务的开始时间间隔：

$$T_{\text{start}} = \left[T_{ij} + \overline{\left(T_{ij}^{\text{ft}} - T_{ij}^{\text{st}} \right)} \right] \theta \tag{6-12}$$

其中，θ为系统延迟率，$\theta = \dfrac{T_{\text{delay}} - T_{\text{finish}}}{T_{ij}}$，$T_{\text{finish}}$ 为任务 a 执行完成的时间值，

T_{delay} 为任务 a 的最晚完成的时间值。

根据以上定义，第二阶段调度算法执行步骤：

步骤 1：根据任务列表，搜索工作流中需要执行的任务；

步骤 2：搜索处于预备状态的服务资源；

步骤 3：根据任务开始时间和等待时间，计算任务的时间消耗差值 ${}_{\Delta}T = T_{wait} - T_{start}$；

步骤 4：判断 ${}_{\Delta}T$，如果 ${}_{\Delta}T \geqslant 0$，则等待系统延迟，转到步骤 5，否则转到步骤 6；

步骤 5：当任务执行时，比较每个任务的 ${}_{\Delta}T$ 与执行任务的 ${}_{\Delta}T$ 的平均值 ${}_{\Delta}\bar{T}$ 的大小，优先安排 ${}_{\Delta}T$ 较大的任务执行；

步骤 6：没有延迟，则继续执行，同时将任务的资源负载率 O_{start} 以及资源利用率 U 计入监控中心；

步骤 7：执行工作流中所有待执行任务；

步骤 8：更新第二阶段调度结果；

步骤 9：将第一阶段调度结果和第二阶段调度结果同时计入监控中心。

由以上执行过程可知，调度策略在第一阶段调度的基础上，待执行的任务在请求执行时，根据求解的时间消耗差值 ${}_{\Delta}T$，判断是否启动云计算工作流系统中的调度器进行调度优化，直到工作流中的任务全部执行完毕为止。

6.4 实验结果与性能分析

6.4.1 实验环境

利用CloudSim搭建实验环境，CloudSim在离散事件模拟包SimJava上开发了函数库，在体系结构上，SimJava层是CloudSim中的最底层，负责执行高层模拟框架的核心功能，比如查询和处理事件、系统组件的创建（服务、客户端、数据中心、代理和虚拟机）、不同组件之间的通信、模拟时钟的管理。

实验用到 CloudSim 的相关类有：Datacenter 类建模了云服务提供商的核心基础架构级服务（硬件），由于其封装了一组计算主机，这些主机在硬件配置（主存、处理核数、处理容量和存储大小）上可以是同构或者异构的，符合实验对于异构的多个数据中心的需求。此外，每一个数据中心实体会实例化一个通用的应用配置模块，用于实现给主机和 VM 分配带宽、主存和存储设备的策略。

DatacenterBroker 类给代理人建模。代理人负责协调 SaaS 与云服务提供商的合作协议。代理人代表 SaaS 提供商行动，负责查询 CIS 和在线协商分配资源/服务以满足应用的 QoS 需求。开发者必须继承该类以评估和测试自定义的交易策略。代理人和 CloudCoordinator 的区别在于前者代表的是用户，而后者代表数据中心。所以，CloudCoordinator 以最大化数据中心的性能为目的，而不会考虑特定用户的需求。因此在实验中，需要将二者结合起来，同时考虑用户和服务提供商的利益。

在 CloudSim 中，数据中心建立之后，同时在 CIS（Cloud Information Service）注册，当任务到来，首先从 CIS 获得各个数据中心的名单，然后选取一个数据中心创建虚拟机，并按照虚拟机的分配策略提交任务。

实验在 CloudSim 原有的组件上进行了改进：

（1）根据研究对象，创建了一个工作流生成器，根据调度策略的需要，给定不同的工作流的生成配置，生成数个具有 DAG 图关系依赖的任务。

（2）将 CloudSim 中的 DatacenterBorker 进行重新划分，增加了任务调度器和工作流调度中心两个部分。任务调度器根据数据中心的信息选择调度策略，工作流调度中心负责根据任务调度器选择的调度策略提交任务。

整个系统由 4～15 个资源节点分布在 4 个节点上；每个节点配置为 2.0GB 内存以及 1TB 硬盘空间，另配置 10 台空载机器，仅运行操作系统等必要软件；由于目前数据中心局域网所使用的交换机和路由器基本能够实现传输速率不受影响，因此假设传输速率为 1Gb/s。

工作流定义中所设定的流程任务数量为 30，在第一阶段调度中，不失一般性，粒子群操作中的选择概率分别设为 40%和 60%，分别测试了小于和大于对应种群选择概率为 50%时的变化情况。

6.4.2 实验结果分析

6.4.2.1 改进的粒子群任务优化调度算法实验结果分析

在云计算工作流系统中，采用改进的最早结束时间算法 HEFT（Heterogeneous Earliest Finish Time）和局部优化的模拟退火算法 SAA（Simulate Anneal Algorithm）与提出的改进的粒子群算法 MPSO 进行对比。

HEFT 算法没有进行优化，在算法运行过程中，只设置了任务的最早完成时间，作为判断的特殊情况。模拟退火算法在算法运行的过程中可以实现局部的任务最优调度，但不能考虑全局的优化调度，MPSO 算法则改进了经典的粒子群算法中的适应度函数，实现了全局随机优化调度。

以上三种算法在云数据中心的任务调度策略中得到普遍应用，为了寻求任务的最优调度，实验从三种算法的执行时间、执行费用上进行比较。

表 6-1 和表 6-2 的实验结果分别为采用 HEFT 算法、SAA 算法时工作流任务在调度执行时的时间对比情况。

表 6-1 HEFT 算法执行时间（ms）

节点	执行时间	开始时间	结束时间	节点	执行时间	开始时间	结束时间
3	15.04348	0	15.04348	1	55.2087	434.3739	489.5826
1	176.7043	0	176.7043	3	175.5478	334.0348	509.5739
0	235.8435	0	235.8435	0	274.3043	235.8435	510.1478
1	88.17391	176.7043	264.8783	3	32.12174	656.5217	688.6348
0	256.7217	828.9826	1090.096	0	229.0609	604.313	828.9826
2	325.8261	846.3652	1172.391	2	307.6609	538.8783	846.3652
2	574.8	1172.374	1747.174	2	538.8783	0	538.8783
2	562.313	1747.174	2309.487	1	113.4087	489.5826	602.9913
3	318.9913	15.04348	334.0348	0	94.16522	510.1478	604.313
1	169.4957	264.8783	434.3739	3	146.9478	509.5739	656.5217

表 6-2 SAA 算法执行时间（ms）

节点	执行时间	开始时间	结束时间	节点	执行时间	开始时间	结束时间
1	263.7217	0	263.7217	0	154.7739	502.8957	657.6696
0	267.0435	0	267.0435	3	319.0261	363.0696	682.087
3	363.0696	0	363.0696	1	220.3652	510.6957	731.0609
0	235.8522	267.0435	502.8957	2	386.887	538.7565	925.6435
3	156.7826	916.4783	1073.252	1	90.58261	871.7565	962.1913
3	76.30435	1073.252	1149.565	1	10.96522	962.1913	973.1565
2	277.9043	925.6435	1203.513	0	110.4696	657.6696	768.1391
2	192.9304	1203.548	1396.478	0	24.16522	768.1391	792.313
1	246.9652	263.7217	510.6957	1	140.5478	731.0609	871.6087
2	538.7565	0	538.7565	3	234.3913	682.087	916.4783

表 6-3、表 6-4 分别为运用 MPSO 算法，并且种群选择概率为 40%和 60%时工作流任务执行的时间情况。

表 6-3 MPSO（40%）执行时间（ms）

节点	执行时间	开始时间	结束时间	节点	执行时间	开始时间	结束时间
1	10.96522	0	10.57391	0	183.7304	235.8435	419.5739
2	198.1739	0	198.1739	3	146.913	310.6609	457.5826
3	234.3304	0	234.3304	2	277.9652	198.1739	476.1391
0	235.8435	0	235.8435	1	140.5652	362.9826	503.5478
3	156.7652	799.0609	955.8348	0	267.0783	675.4783	942.5565
2	482.3826	476.1391	958.5217	1	263.8435	10.96522	274.8
0	24.1913	899.0783	966.7478	0	255.8957	419.5739	675.4783
1	262.6348	883.1217	1145.757	1	231.1391	503.5478	734.2522
3	76.33913	234.3304	310.6609	3	341.487	457.5826	799.0609
1	88.17391	274.8	362.9826	1	148.8696	734.2522	883.1217

表 6-4 MPSO（60%）执行时间（ms）

节点	执行时间	开始时间	结束时间	节点	执行时间	开始时间	结束时间
1	10.96522	0	10.96522	0	255.913	235.8435	491.7565
2	198.1739	0	198.1739	1	140.5565	362.9652	503.513
0	235.8435	0	235.8435	3	363.113	244.3043	598.7304
3	244.3043	0	244.3043	0	154.7652	491.7565	646.5217
2	482.4	476.087	958.487	3	341.4696	607.4261	48.8957
1	55.24348	903.713	958.9652	1	263.8348	10.96522	274.8
1	106.2522	958.9652	1065.209	1	230.713	503.513	734.2261
3	156.7217	948.8957	1105.661	1	169.487	734.2261	903.713
1	88.16522	274.8	362.9652	0	267.0696	646.5217	913.5913
2	277.913	198.1739	476.087	0	24.16522	913.5913	937.7565

由表 6-1～表 6-4 的数据可以看出，在相同的开始时间，MPSO 算法相较于 HEFT 算法和 SAA 算法的用时更短，并且在任务的调度过程中，由于改进了编码和遗传操作，MPSO 算法本身在执行过程中，对各个节点的调度分配更加灵活，提高了任务调度效率。

设定不同资源数，采用 HEFT 算法、SAA 算法以及提出的改进的粒子群算法 MPSO（选择概率为 40%和 60%）时，云计算工作流系统任务执行的总费用、时间对比如图 6-4、图 6-5 所示。

由图 6-4、图 6-5 可知，由于改进的粒子群算法 MPSO 其优化效率高，对于资源的调度更有效，在给予执行任务相同的资源时，在利用三种算法的执行费用比较中，HEFT 算法最高，MPSO 算法费用最低，并且随着系统提供的资源占系统总资源的比例增加，任务执行的费用降低，而 MPSO 算法执行的费用仍然最低。

同时，当选择概率为 60%时，算法的优化能力增加，任务调度过程不断优化，使得工作流中任务执行的效率提升，任务执行消耗的资源减少，费用随之降低。与此同时，执行的过程中，随着资源量的不断增加，对于寻优能力强的算法，其对任务的调度优化过程的优势更明显，促使任务的执行期不断缩短，任务执行时间明显减少。

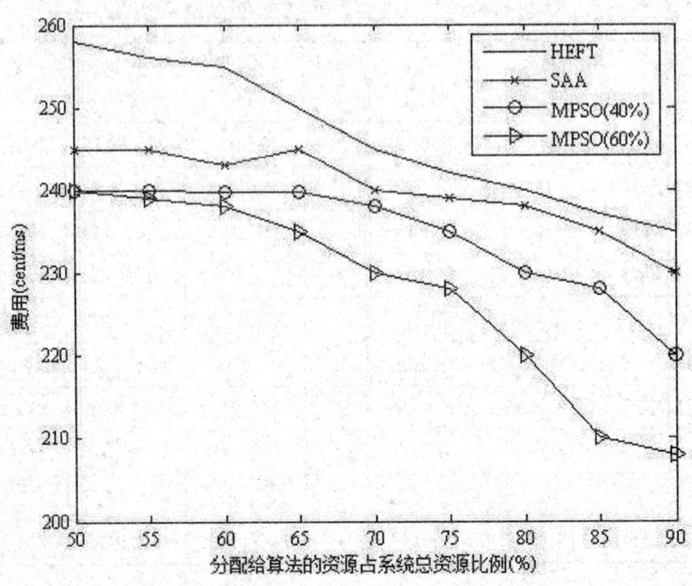

图 6-4 三种算法的执行费用

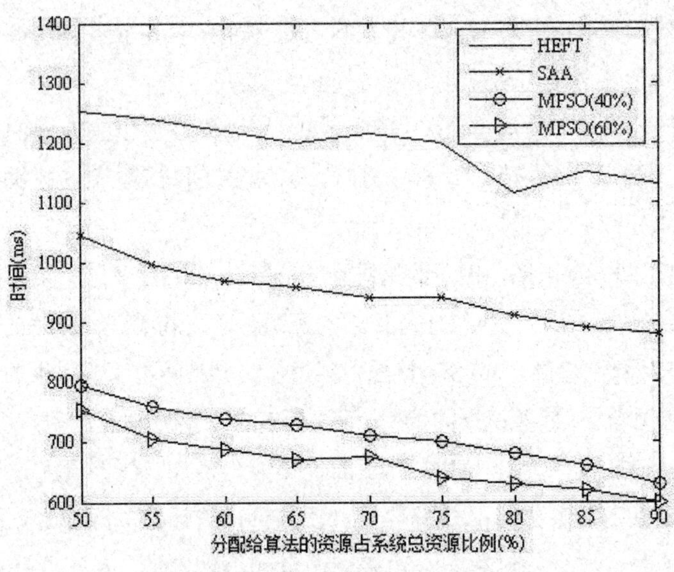

图 6-5 三种算法的执行时间

6.4.2.2 面向负载感知的任务调度算法实验结果分析

从 CPU、内存以及磁盘利用率进行比较，实验结果如图 6-6、图 6-7、图 6-8 所示。

实验选取系统工作流任务执行 60 分钟的情况，利用有负载感知的任务调度算法执行时，任务开始执行到 20 分钟时，系统的 CPU 利用率较低，但仍处于上升的趋势。当多个任务进入系统后，系统需要进行合理的资源分配，执行任务的调度。此时，有任务处于等待状态，系统的 CPU 利用率增长缓慢。等待前期任务被调度完毕，系统的任务执行进入良好的较为稳定的执行状态，此时对应的 CUP 的利用率从较高的水平趋于平稳。

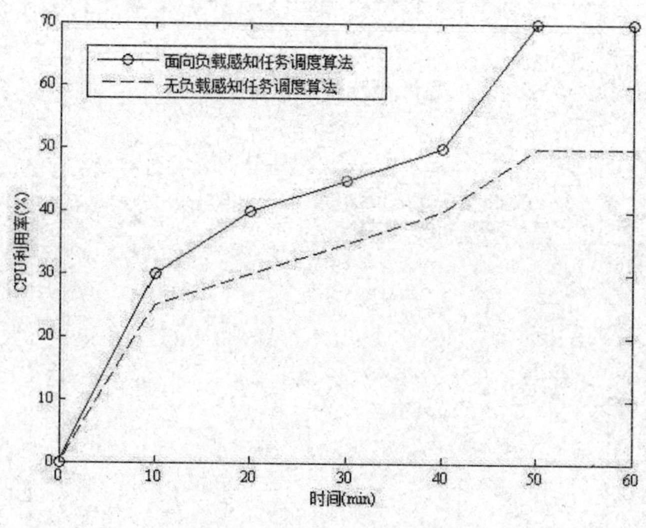

图 6-6 CPU 利用率对比图

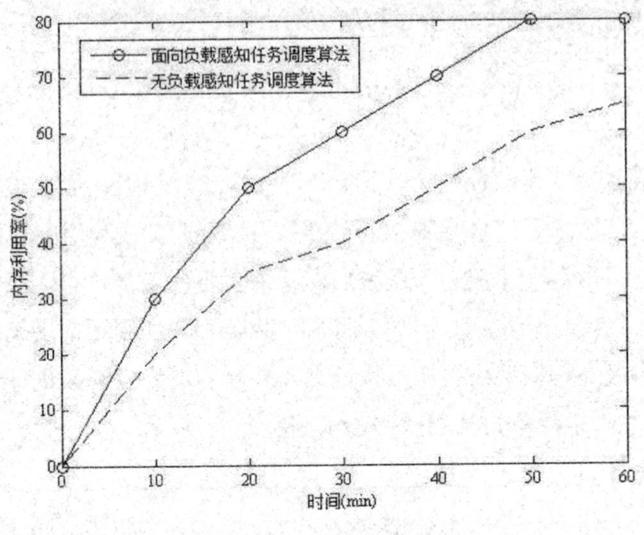

图 6-7 内存利用率对比图

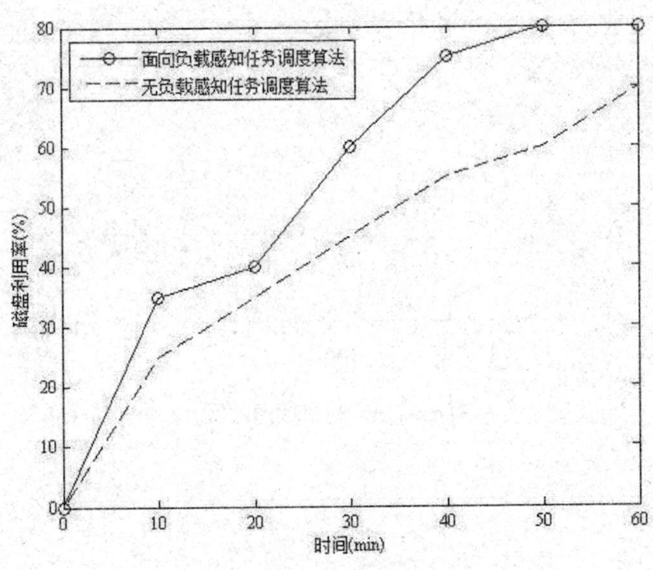

图 6-8 磁盘利用率对比图

在 60 分钟执行过程中可知，选用有负载感知的任务调度算法时，系统的内存利用率、磁盘利用率增加，符合工作流中任务调度的特点，同时，表明利用有负载感知的任务调度算法能根据多数据中心的负载情况，优化任务调度，有效降低负载，因而减少了任务等待时间，保证了任务高效执行。在同样的时间段内，选取无负载感知的任务调度算法运行时，内存利用率以及磁盘利用率降低，系统任务调度不稳定，资源利用率波动较大。

6.5 本章小结

本章根据云服务发展的需求，从服务提供商、用户角度出发，考虑工作流便于管理软硬件资源、有利于减少人工操作、能降低各类复杂应用的操作，将工作流引入多数据中心任务优化调度中。但如何将多数据中心与工作流进行有效结合，使更多的程序运行自动化，降低云计算运行的成本，提高服务质量是重点研究方向。

针对上述问题，本章对多数据中心云工作流中任务的优化调度进行了深入研究，对具有关联的任务进行了 DAG 图的模型表示，针对多数据中心大量的动态的任务调度需求，构建了云任务优化调度模型，基于此，将整个调度过程分两阶段，在第一阶段，改进粒子群算法的适应度函数，使之更能体现多数据中心云工作流的优化方向需求，并结合 Pareto 优化方法进行优化求解。在第二阶段，考虑整个系统的负载情况，降低系统任务延迟，提出了具有负载感知的调度算法进行任务的调度。经过两阶段的调度算法，多数据中心云工作流的任务在执行过程中，系统的负载明显降低，并趋于均衡，系统的资源利用率得以提高。

第7章 结　　论

本书深入分析和研究了云计算任务优化调度中的系统整体结构、用户的需求、服务提供商的利益对云计算任务优化调度的影响，设计了针对单数据中心基础层任务调度的时间-费用模型、单数据中心应用层的任务分配模型、任务完成时间感知的调度模型和多数据中心工作流的任务调度模型，提出了动态的副本放置算法、针对单数据中心基础层任务调度的遗传蚁群融合算法、优化单数据中心应用层任务调度的基于优化解的任务调度算法、基于任务完成时间的自适应算法以及面向多数据中心工作流的任务调度中改进的粒子群算法和面向负载感知的任务调度算法，进一步解决了云计算系统中的任务的优化调度问题。

（1）扩展了云计算任务优化调度模型，设计并实现了具有动态副本机制的云计算任务优化调度框架，主要从副本复制和副本更新两个方面调整副本机制。通过与具有固定副本数量的复制算法 FRN、局部动态的复制算法 LD 的执行结果的对比、分析，从多个指标角度说明了动态副本机制的性能。

（2）根据云数据中心基础层调度需求，不同于已有的具有 QoS 约束的云计算任务优化调度策略，本书在对单个数据中心的基础层进行深入分析的基础上，建立了任务调度模型，设计并实现了融合遗传蚁群算法的任务调度策略，改进的并结合遗传蚁群算法寻优特点的 MGAA 算法在求得最优解时，收敛速度更快，对任务的调度更高效。

（3）根据云数据中心应用层调度的需求，结合使用云服务的用户和云服务提供商的利益以及云计算的商业特性，给出了任务分配的排队模型，建立了云数据中心应用层的任务优化调度模型，提出了基于纳什均衡理论的任务优化调度策略、自适应的任务优化调度策略。同时，基于调度模型设计实现了任务调度算法：MRA 算法、GP 算法。本书分别就两个算法的性能进行了实验验证，并和在经典场景中的应用进行了性能比较。提出的任务调度算法 MRA 算法、GP 算法提高了任务的执行效率以及系统的资源利用率。

（4）在对于单数据中心任务优化调度的研究基础上，根据云计算发展的趋势，研究多个数据中心的任务调度方法，提出了多数据中心云工作流的任务调度策略，将关联的任务调度过程划分为两部分，分别应用改进的粒子群算法 MPSO、具有负载感知的调度方法进行任务的优化调度，以此提高多个数据中心任务调度的效率，降低系统的负载。

由于能力和时间有限，本书的研究工作必然存在某些不足和需要改进完善之处。后续工作包括以下几个方面：

（1）随着大量用户的参与，大量数据的存储、管理问题呈现，用户隐私和用户数据在数据副本创建、使用、更新等过程中有被搜集或泄露的危险，如何确保数据在副本的创建过程中其用户信息的安全性，防止被第三方窃取或非法使用，是下一步需要考虑的问题。

（2）在第四章及第六章的任务优化算法的选择上，侧重选择了遗传算法、蚁群算法和粒子群算法。在针对云数据中心的任务优化调度问题研究解决方法时，其他智能优化算法，如禁忌搜索算法、神经网络算法的效果是否优于遗传算法、蚁群算法和粒子群算法，有待于后续在模型扩展、性能比较方面进行研究。

（3）对于云资源使用者和服务提供商的利益冲突解决问题，根据实际的选择，往往会有非理性、随机选择等特殊情况发生，同时，服务提供商对于云服务的定价原则及调整机制也会对用户的选择产生影响，因此，在云计算资源调度和任务优化分配时，下一步需要考虑用户、服务提供商的选择动态性对云计算系统的性能影响。

（4）任务优化算法考虑了云计算的服务性能及能耗，但在考虑云数据中心的绿色因素时，由于碳排放量的定量分析以及影响因素的多样性，所以在完成任务优化调度时，绿色高能效策略的具体实施还需克服很多难题，是下一步研究的重点。

参考文献

[1] Data resource[EB/OL]. http://www.jackofallclouds.com/2015/01/state-of-the-cloud-janu ary- 201/8.

[2] Manvi S S, Shyam G K. Resource management for Infrastructure as a Service (IaaS) in cloud computing: a survey[J]. Journal of Network and Computer Applications,2014(41):424-440.

[3] Wang Y J, Sun W D, Zhou S, et al. Key technologies of distributed storage for cloud computing[J]. Journal of Software,2011,23(4):962-986.

[4] Zhang F, Cao J W, Li K Q, et al. Multi-objective scheduling of many tasks in cloud platforms[J]. Future Generation Computer System,2014(37):309-320.

[5] Cloud computing[EB/OL]. http://www.cnblogs.com/afarmer/archive/2015/11/18/22540 69.html.

[6] The application of cloud computing[EB/OL]. http://hi.baidu.com/www100/blog/item/ 81ff10172dd7b00f4a90a703.html.

[7] Amazon web services LLC. Amazon Simple Storage Service (Amazon S3) [EB/OL]. http://aws.amazon.com/s3/.

[8] Windows azure[EB/OL]. https://www.windowsazure.com/.

[9] Amazon Elastic Compute Cloud (Amazon EC2) [EB/OL]. http://aws.amazon.com/ec2/.

[10] Selmy H A, Alkabani Y, Mohamed H K. Energy efficient resource management for cloud computing environment[C]//The proceedings of 9th International Conference on Computer Engineering & Systems (ICCES), Changwon, Korea,2014:415-420.

[11] Guzek M, Bouvry P, Talbi E. A survey of evolutionary computation for resource management of processing in cloud computing[J]. Computational Intelligence Magazine,2015,10(2):53-67.

[12] The current development of cloud computing[EB/OL]. http://www.istis.sh.cn/list/list. aspx?id=8034.

[13] Mezmaz M, Melab N, Kessaci Y, et al. A parallel bi-objective hybrid metaheuristic for energy-aware scheduling for cloud computing systems[J]. Journal of Parallel and Distributed Computing,2011,71(11):1497-1508.

[14] Goiri Í, Guitart J, Torres J. Economic model of a cloud provider operating in a federated cloud[J]. Information Systems Frontiers,2012,14(4):827-843.

[15] Wang L, Zhan J F, Shi W S, et al. In Cloud, can scientific communities benefit from the economies of scale[J]. IEEE Transactions on Parallel and Distributed Systems,2012,23(2): 296-303.

[16] Amazon simple storage service[EB/OL]. http://www.amazon.cn/?tag=baidhydrcnnv-23&hvadid={creative}&ref=pz_ic_22fvxh4dw.

[17] Ghemawat S, Gobioff H, Leung S. The google file system[C]//The proceedings of ACM Symposium on Operating Systems Principles, NA, USA,2003:29-43.

[18] Borthakur D. The Hadoop distributed file system: architecture and design[EB/OL]. http://hadoop.apache.org/common/docs/r0.18.3/hdfs_design.html,2008.

[19] Cheng Z D, Luan Z Z, Meng Y, et al. ERMS: An elastic replication management system for HDFS[C]//The proceedings of IEEE International Conference, Beijing, China,2012:32-40.

[20] Mansouri N, Dastghaibyfard G H, Mansouri E. Combination of data replication and scheduling algorithm for improving data availability in Data Grids[J]. Journal of Network and Computer Applications,2013,36(2):711-722.

[21] Xu H, Li B C. Dynamic cloud pricing for revenue maximization[J]. IEEE Transactions on Cloud Computing,2013,1(2):158-171.

[22] Meroufel B, Belalem G. Dynamic replication based on availability and popularity in the presence of failures[J]. Journal of Information Processing

Systems,2013,8(2):263-278.

[23] Lin H, Ran Y. Research on replica strategy in cloud storage system[C]//The proceedings of 2015 International Conference on Computer Science and Applications (CSA), Wuhan,China,2015:191-198.

[24] Nuaimi K A, Mohamed N, Nuaimi M A, et al. A self-optimized storage for distributed data as a service[C]//The proceedings of IEEE 24th International Conference on Enabling Technologies, PA, USA,2015:84-89.

[25] Mseddi A, Salahuddin M A, Zhani M F, et al. On optimizing replica migration in distributed cloud storage systems[C]//Proceedings of 4th IEEE International Conference on Cloud Networking, Ontario, Canada,2015:191-198.

[26] Joshi G, Soljanin E, Wornell G. Efficient replication of queued tasks for latency reduction in cloud systems[C]//The proceedings of 53rd Annual Allerton Conference on Communication, Control and Computing (Allerton), NJ, USA,2015:107-114.

[27] Li W H, Yang Y, Yuan D. Ensuring cloud data reliability with minimum replication by proactive replica checking[J]. IEEE Transactions on Computers,2016,65(5):1494-1506.

[28] Gill N K, Sarbjeet S. A dynamic, cost-aware, optimized data replication strategy for heterogeneous cloud data centers[J]. Future Generation Computer Systems,2016(65):10-32.

[29] 吴修国.云环境下一种兼顾成本与存储空间的副本策略[J].计算机工程,2018(3):19-26.

[30] Azzedin F. Towards a scalable HDFS architecture[C]//The proceedings of 2013 International Conference on Collaboration Technologies and Systems (CTS), CA, USA,2013:155-161.

[31] Chopra N, Singh S. HEFT based workflow scheduling algorithm for cost optimization within deadline in hybrid clouds[C]//The proceedings of Fourth International Conference on Computing, Communications and Networking Technologies (ICCCNT), Tiruchengode, India,2013:1-6.

[32] Verma J K, Katti C P, Saxena P C. MADLVF: an energy efficient resource utilization approach for Cloud Computing[J]. Information Technology and Computer Science Information Technology and Computer Science, 2014,6 (7): 56-64.

[33] Uriarte R B, Tsaftaris S, Tiezzi F. Service clustering for autonomic clouds using random forest[C]//The proceedings of 15th IEEE/ACM International Symposium on Cluster, CA, USA,2015:515-524.

[34] Ghafarian T, Javadi B. Cloud-aware data intensive workflow scheduling on volunteer computing systems[J]. Future Generation Computer Systems, 2015(51):87-97.

[35] Deng S G, Huang L T, Taheri J, et al. Computation offloading for service workflow in mobile cloud computing[J]. IEEE Transactions on Parallel and Distributed Systems,2015,26(12): 3317-3329.

[36] Nagalakshmi N, Rajalakshmi S. Enabled security based on elliptic curve cryptography with optimal resource allocation schema in cloud computing environment[C]//The proceedings of Computing, Communication and Information Systems (NCCCIS), Coimbatore, India,2015:17-22.

[37] Pilavare M S, Desai A. A novel approach towards improving performance of load balancing using genetic algorithm in cloud computing[C]//The proceedings of 2015 International Conference on Innovations in Information, Coimbatore, India,2015:4-9.

[38] 王文婧,吕廷杰.移动云计算环境中个人用户QoE评价研究[J].北京邮电大学学报,2015,17(2):52-58.

[39] Veen J, Waaij B, Lazovik E, et al. Dynamically scaling apache storm for the analysis of streaming data[C]//The proceedings of the 2015 IEEE First International Conference on Big Data Computing Service and Applications, CA, USA,2015:154-161.

[40] 郭禾,陈征,于玉龙,等.带通信开销的 DAG 工作流费用优化模型与算法[J].计算机研究与发展,2015,52(6):1400-1408.

[41] 周舟,胡志刚.云计算中融入贪心策略的调度算法研究[J].小型微型计算机系统,2015,36(5):1024-1027.

[42] 谢丽霞,严焱心.云计算环境下的服务调度和资源调度研究[J].计算机应用研究,2015,32(2):529-535.

[43] Lakshmi D V, Srinivasu N. A dynamic approach to task scheduling in cloud computing using genetic algorithm[J]. Journal of Theoretical and Applied Information Technology,2016, 85(2):124-135.

[44] Kashyap R K, Louhan P, Mishra M. Economy driven real-time scheduling for cloud[C]//The proceedings of 10th International Conference on Intelligent Systems and Control, Coimbatore, India,2016:1790-2018.

[45] 李智勇,陈少淼,杨波.异构云环境多目标 Memetic 优化任务调度方法[J].计算机学报,2016,39(2):377-390.

[46] Sabar N R, Song A. Grammatical evolution enhancing simulated annealing for the load balancing problem in cloud computing[J]. Genetic & Evolutionary Computation,2016:997-1003.

[47] Shen Y, Qin X L, Bao Z F. Effective multi-objective scheduling strategy of dataflow in cloud[J]. Journal of Software,2017,28(3):579-597.

[48] Linthicum D S. Connecting fog and cloud computing[J]. IEEE Cloud Computing,2017,4(2): 18-20.

[49] Hu H Y, Liu R H, Hu H. Multi-objective optimization for task scheduling in mobile cloud computing[J]. Journal of Computer Research and Development,2017,54(9):1909-1919.

[50] Liu X T, Zhu Y Q, Gu D M. Workflow scheduling for cloud computing based on maximum effective resource reduction[J]. Computer Engineering and Design,2017,38(11):2964-2970.

[51] Deng X H, Guan P Y, Wan Z W, et al. Integrated trust based resource cooperation in edge computing[J]. Journal of Computer Research and Development,2018,55(3):449-477.

[52] Zhou J, Dong S B, Tang D Y. Task scheduling algorithm in cloud computing

based on invasive tumor growth optimization[J]. Chinese Journal of Computers,2018,41(6):1360-1375.

[53] Yuan Y W, Bao Z Q, Yu D J, et al. Multi-Scientific workflow scheduling algorithm based on multi-objective in cloud environment[J]. Journal of Software,2018,29(11):3326-3339.

[54] Fang J, Zhang Z, Zhang X F, et al. Cloud workflow scheduling algorithm based on trade-off fitness[J]. Computer Applications and Software,2019,36(5):255-261.

[55] Narman H S, Hossain M S, Atiquzzaman M. DDSS: Dynamic dedicated servers scheduling for multi priority level classes in cloud computing[C].IEEE International Conference on Communications,2014.

[56] 叶世阳,张文博,钟华.一种面向 SLA 的云计算环境下虚拟资源调度方法[J].计算机应用与软件,2015,32(4):11-14,23.

[57] Kansal N J, Chana L. Artificial bee colony based energy-aware resource utilization technique for cloud computing[J]. Concurrency & Computation Practice & Experience,2015,27(5): 1207-1225.

[58] Tong Z, Jing M. Bandwidth-aware multi round task scheduling algorithm for cloud computing[J]. Journal of Intelligent & Fuzzy Systems: Applications in Engineering and Technology,2016, 31(2):1053-1063.

[59] 孙兰芳,张曦煌.基于蜜蜂采蜜机理的云计算负载均衡策略[J].计算机应用研究,2016,4(33):1179-1182.

[60] Xu X Y, Tang M L, Tian Y C. Theoretical results of QoS-guaranteed resource scaling for cloud-based MapReduce[J]. IEEE Transactions on Cloud Computing,2016(99):1-12.

[61] Boloni L, Turgut D. Value of information based scheduling of cloud computing resources[J]. Future Generation Computer Systems,2017(71):212-220.

[62] Liu X, Li J B, Yang Z, et al. A task collaborative execution policy in Mobile Cloud Computing[J]. Chinese Journal of Computers,2017,40(20):364-377.

[63] 王万良,胡禹.基于 MapReduce 的 CTK 加权聚类改进算法[J].微电子学与计

算机,2018(12):105-109.

[64] 曹建,李峥,杨璞,等.云计算环境下基于 MapReduce 的并行化排列熵算法[J].电力信息与通信技术,2019(1):1-6.

[65] Plimpton S J, Devine K D. MapReduce in MPI for large-scale graph algorithms[J]. Parallel Computing,2011,37(3):610-632.

[66] Ekanayake J, Li H, Zhang B J, et al. Twister: a runtime for iterative MapReduce[C]//The proceedings of International Workshop on MapReduce and its Applications, Chicago, USA,2010.

[67] Power R, Li J Y. Piccolo: building fast, distributed programs with partitioned tables[C]//The proceedings of USENIX Symposium on Operating Systems, Vancouver, Canada,2010:1-14.

[68] Cure O, Jablonski S, Jochaud F, et al. Semantic data integration in the DaltOn system[C]//The proceedings of ICDE, Cancun, Mexico,2008:234-241.

[69] DryadLINQ. http://research.microsoft.com/en-us/projects/DryadLINQ.

[70] Hu Y Z, Fan B, G X, et al. Application of real-time data processing services in automatic clearing collection system based on cloud computing for Storm[J]. Journal of Computer Applications,2014(S1):96-99.

[71] Naganarasimha G. Evolution of YARN Scheduler[C]//The proceedings of Cloud Computing Technology Conference, Yunnan,China,2016.

[72] Chihoub H E, Ibrahim S, Antoniu G, et al. Harmony: towards automated sel-adaptive consistency in cloud storage[C]//The proceedings of the 2012 IEEE International Conference on Cluster Computing, Beijing, China,2012:293-301.

[73] Li G D, Wang G Y, Zhang X R, et al. Forest cover types classification based on online machine learning on distributed cloud computing platforms of storm and SAMOA[J]. Advanced Materials Research,2014(955-959):3803-3812.

[74] Liu X P. Data security in cloud computing[J]. Lecture Notes in Electrical Engineering,2014(163): 801-806.

[75] Kakkad V, Dey A, Fekete A. Curracurrong cloud: stream processing in the cloud[C]//The proceedings of IEEE 30th Data Engineering Workshops

(ICDEW), IL, USA,2014:207-214.

[76] Wickboldt J A, Esteves R P, Carvalho M B D, et al. Resource management in IaaS cloud platforms made flexible through programmability[J]. Computer Networks,2014(68):54-70.

[77] Kaewpuang R, Niyato D, Wang P, et al. A framework for cooperative resource management in mobile cloud computing[J]. IEEE Journal on Communications, 2013,31(12):2685-2700.

[78] Zhao Y, Li Y F, Raicu I, et al. A service framework for scientific workflow management in the cloud[J]. IEEE Transactions on Services Computing, 2015, 8(6):930-944.

[79] 毛泽湘.云化业务平台中基于博弈论的资源分配方法研究[D].北京:北京邮电大学,2015.

[80] 刘莹,罗永龙,乔云峰,等.云计算环境下基于行为预测的博弈信任模型[J].小型微型计算机系统,2015,36(10):2327-2333.

[81] Zhang G Y, Wu G Y, Wang S P, et al. CaCo: an efficient cauchy coding approach for cloud storage systems[J]. IEEE Transactions on Computers,2016,65(2):435-447.

[82] Wang F, Liu J C, Chen M H, et al. Migration towards cloud-assisted live media streaming[J]. IEEE Transactions on Networks, 2016, 24(1):272-282.

[83] Shen H Y, Zhao H W, Yang Z H. Adaptive resource schedule method in cloud computing system based on improved artificial fish swarm[J]. Journal of Computational & Theoretical Nanoscience, 2016,13(4):2556-2561.

[84] 曾薇.云平台海量任务的多约束调度算法优化研究[J].微电子学与计算机,2016,33(6):130-134.

[85] 葛君伟,王清玲,方义秋.基于 Qos 综合满意度的云计算任务调度策略[J].微电子学与计算机,2016(10):20-29.

[86] Su S, Li J, Huang Q J, et al. Cost-efficient task scheduling for executing large programs in the cloud[J]. Parallel computing,2013,39(4-5):177-188.

[87] Braun T D, Siegel H J, Beck N, et al. A comparison of eleven static heuristics

for mapping a class of independent tasks onto heterogeneous distributed computing systems[J]. Journal of Parallel and Distributed Computing, 2001,61 (1):810-837.

[88] Reda N M. An improved sufferage meta-task scheduling algorithm in grid computing systems[J]. International Journal of Advanced Research, 2015, 3(10):123-129.

[89] Jing W P, Liu Y Q, Shao H R. Reliability-aware DAG scheduling with primary-backup in cloud computing[J]. International Journal of Computer Applications in Technology, 2015,52(1):86-89.

[90] Kliazovich D, Pecero J E, Tchernykh A. CA-DAG: modeling communication-aware applications for scheduling in cloud computing[J]. Journal of Grid Computing,2016,14(1):23-39.

[91] Chopra N, Singh S. HEFT based workflow scheduling algorithm for cost optimization within deadline in hybrid clouds[C]//The proceedings of Fourth International Conference on Computing, Communications and Networking Technologies (ICCCNT), Tiruchengode, India,2014:1-6.

[92] 张雨,李芳,周涛.云计算环境下基于遗传蚁群算法的任务调度研究[J].计算机工程与应用,2014(6):51-55.

[93] Sabar N R, Song A. Grammatical evolution enhancing simulated annealing for the load balancing problem in cloud computing[J]. Genetic & Evolutionary Computation,2016:997-1003.

[94] Zhu H Y, Loser A, Raghavan S, et al. Navigating the intranet with high precision[C]//The proceedings of International World Wide Web Conference, Alberta, Canada,2007:491-500.

[95] Muller E, Assent I, Steinhausen U. OutRank: ranking outliers in high dimensional data[C]//The proceedings of ICDE, Cancun, Mexico,2008:600-603.

[96] Acrockiam L, Sasikaladevi N. Simulated annealing versus genetic based service selection algorithms[J]. International Journal of Service, Science and

Technology,2012,5(1):35-50.

[97] Li Y Y, Rajasekar K, Sriram R, et al. Regular expression learning for information extraction[C]//The proceedings of EMNLP, Hawaii, USA,2008.

[98] 宋宝燕,王俊陆,王妍.基于范德蒙码的 HDFS 优化存储策略研究[J].计算机学报,2015(9):1825-1837.

[99] Gill N K, Singh S. A dynamic, cost-aware, optimized data replication strategy for heterogeneous cloud data centers[J]. Future Generation Computer Systems, 2016(65):10-32.

[100] Pilavare M S, Desai A. A novel approach towards improving performance of load balancing using genetic algorithm in cloud computing[C]//The proceedings of 2015 International Conference on Innovations in Information, Coimbatore, India,2015:4-9.

[101] Lakshmi R D, Srinivasu N. A dynamic approach to task scheduling in cloud computing using genetic algorithm[J]. Journal of Theoretical and Applied Information Technology,2016, 85(2):124-135.

[102] Saxena S, Chouhan S S. OFDTs: an optimally fair dynamic task scheduling algorithm in Cloud environment[C]//The proceedings of 7th International Conference on Contemporary Computing, Noida, India,2014:583-588.

[103] Uriarte R B, Tsaftaris S, Tiezzi F. Service clustering for autonomic clouds using random forest[C]//The proceedings of 15th IEEE/ACM International Symposium on Cluster, CA, USA,2015:515-524.

[104] Kashyap R K, Louhan P, Mishra M. Economy driven real-time scheduling for cloud[C]//The proceedings of 10th International Conference on Intelligent Systems and Control, Coimbatore, India,2016:1790-2018.

[105] Linthicum D S. Connecting fog and cloud computing[J]. IEEE Cloud Computing,2017,4(2): 18-20.